# L'HOMME ROUGE

PAR

**ERNEST CAPENDU**

auteur de

Marcof le Malouin, Mademoiselle la Ruine, le Pré Catelan, etc., etc.

V

**PARIS**
L. DE POTTER, LIBRAIRE-ÉDITEUR
RUE FONTAINE MOLIÈRE, 27

# L'HOMME ROUGE

Avis aux personnes qui veulent monter un Cabinet de Lecture.

# BIBLIOTHÈQUE

DES

# MEILLEURS ROMANS MODERNES

2,100 vol. environ, format in-8°. — Prix : 2,500 fr.

Cette collection contient les NOUVEAUTÉS de nos auteurs les plus en vogue publiées jusqu'à ce jour par la maison, lesquelles sont accompagnées d'affiches à gravure et autres.

Les Libraires qui feront cette acquisition recevront GRATIS *cent exemplaires du Catalogue* complet et détaillé *avec une couverture imprimée à leur nom* pour être distribués à leurs abonnés.

La Maison traite de gré à gré pour un nombre moins considérable de volumes à des conditions très-avantageuses.

Le prix de chaque ouvrage, pris séparément, est de *cinq francs* net le volume.

Grandes facilités de payement moyennant les renseignements d'usage. Le Catalogue se distribue gratis aux personnes qui en feront la demande par lettres affranchies.

Paris. — Impr. de P.-A. Bourdier et C<sup>ie</sup>, rue Mazarine, 30

# L'HOMME ROUGE

PAR

ERNEST CAPENDU

auteur de

Marcof le Malouin, Mademoiselle la Ruine, le Pré Catelan, etc., etc.

V

PARIS

L. DE POTTER, LIBRAIRE-ÉDITEUR

RUE FONTAINE MOLIÈRE, 27.

Droits de traduction et de reproduction réservés.

1861

LES
# MARIONNETTES DU DIABLE
PAR
## XAVIER DE MONTÉPIN.

 Annoncer un nouveau roman de l'auteur des *Viveurs de Paris*, des *Viveurs de Province*, et de la *Maison Rose*, c'est annoncer un nouveau succès. — L'immense popularité du jeune et brillant écrivain grandit chaque jour et son nom prend place désormais à côté de ceux de Balzac, de Soulié, de Sand et de Dumas.
 Les *Marionnettes du Diable*, nous le croyons fermement, dépasseront la vogue méritée de tous les autres livres du même auteur. — Jamais en effet l'imagination puissante et dramatique qui a créé tant de types étranges et de situations émouvantes, n'a plus solidement tissu la trame vigoureuse d'un roman saisissant, passionné, bizarre, où des aventures d'une incroyable originalité se succèdent et s'enchaînent de façon à tenir le lecteur haletant de curiosité et d'émotion depuis la première page jusqu'à la dernière. — L'intérêt, poussé jusqu'à ses plus extrêmes limites, ne languit pas un instant, et, par un heureux mélange, le rire se mêle aux larmes et la gaîté à la terreur.
 Malgré son titre, le roman les *Marionnettes du Diable*, n'est pas fantastique. — Le prologue seul se passe dans le royaume de Satan. — Les marionnettes sont des hommes, et les ficelles à l'aide desquelles le Diable les fait mouvoir à sa guise, on le devine, ce sont les passions. — Avec une telle donnée le romancier devait faire un chef-d'œuvre. — Les lecteurs jugeront bien qu'il n'a point failli à cette tâche.

# LES ÉMIGRANTS
PAR
## ELIE BERTHET.

 Parmi les romanciers les plus estimés de notre époque, M. Elie Berthet a su conquérir une place à part. Ses ouvrages, pleins de naturel, de vérité, de bon sens, paraissent être plutôt des histoires que des romans. Il ne donne pas dans le travers de certains autres écrivains en vogue, qui, à force de complications, d'événements bizarres et impossibles, arrivent à produire des œuvres aussi obscures, aussi peu intelligibles que déraisonnables. Sa manière est celle du grand romancier anglais Walter Scott, auquel on l'a comparé plusieurs fois; et, comme Walter Scott, tous ses ouvrages sont frappés au coin d'une moralité rigoureuse. Sans écarter les passions violentes, les fautes, les crimes qui existent dans la société humaine, et qui sont un des éléments de l'intérêt dramatique, il ne manque jamais de les blâmer et de les flétrir. Aussi l'appelle-t-on le *romancier des familles*, et, en effet, tout le monde peut lire ses ouvrages, sans crainte de se souiller l'imagination, d'altérer son sens moral ou de s'endurcir le cœur.
 Ces qualités de M. Elie Berthet sont surtout apparentes dans le beau roman *les Émigrants*, que nous publions aujourd'hui. L'histoire est si simple, si vraie, si touchante, qu'elle semble réelle, et l'on croirait que le romancier a reçu les confidences de quelqu'unes de ces pauvres familles qui abandonnent leur sol natal pour aller chercher au loin une vie plus douce et plus prospère. Les causes ordinaires de l'émigration, les fatigues et les dangers auxquels s'exposent les émigrants, leurs illusions naïves, leurs mécomptes, et souvent les catastrophes auxquelles ils succombent, sont exposés avec une grande puissance et avec le plus vif intérêt. Aussi ne doutons-nous pas que le nouvel ouvrage de l'auteur des *Catacombes de Paris*, des *Chauffeurs*, du *Garde-Chasse* et de tant d'autres romans qui ont mérité la faveur du public, n'obtienne en librairie un immense succès.

# CHAPITRE PREMIER.

## I

L'interrogatoire.

Don Ignacio, nous croyons l'avoir dit déjà en traçant son portrait dans les premiers chapitres de cette histoire, don Ignacio avait d'ordinaire le teint pâle et l'œil ardent; mais au moment où nous le retrouvons au milieu des *guerilleros* de Cuevillas, la pâleur de sa figure avait fait place à une teinte livide que tranchait fortement le large cercle de bistre qui entourait ses paupières.

Les veines de son cou et celles de son front étaient gonflées à faire croire qu'elles allaient rompre les parois des membranes qui les contenaient, et ses prunelles, dilatées outre mesure, lançaient des effluves magnétiques pareilles à celles que dégage l'œil du serpent alors qu'il cherche à attirer sa proie.

Évidemment quelque événement fatal avait dû développer tout à coup dans l'âme du chef carliste les instincts sanguinaires qui y avaient à peu près sommeillé jusqu'alors.

Cuevillas comprit que ce désir ardent de meurtre dont était saisi Ignacio avait sa source dans un malheur récent, malheur que le jeune homme voulait oublier en se laissant aller à l'assouvissement de sa rage.

Les paroles ayant trait au sort de la mère et des sœurs du carliste, avaient surtout frappé le *guerillero*.

Il savait que cette mère, âgée de près de cinquante ans, et ses trois filles dont l'aînée n'avait pas dix-neuf ans, habitaient l'Aragon. Jusqu'à cette époque la guerre civile, tout en offrant de lamentables exemples d'odieuses exécutions, n'avait pas cependant encore pris ce caractère de férocité barbare qui devait à tout jamais ensanglanter les pages de l'histoire d'Espagne.

On tuait les hommes, on les torturait, on les massacrait, mais les vainqueurs des deux partis n'étaient pas encore descendus au rang de tourmenteurs de femmes et d'enfants.

Le massacre général des habitants d'Adrian accompli par don Ramero y Puelès, le frère du prisonnier de Cuevillas, était peut-être le premier exemple donné de ces exterminations infâmes d'une population entière, et la nouvelle de cette expédition n'était pas encore répandue parmi les *guerilleros*.

Aussi Cuevillas ne s'expliqua-t-il pas tout d'abord les paroles de don Ignacio.

« Que parlez-vous du sang de votre mère et de celui de vos sœurs? demanda-t-il brusquement.

— Je parle des assassinats commis par don Augustin Nogueras! répondit

Ignacio dont la voix sifflait dans sa gorge aride.

— Quoi! on a assassiné votre mère et vos sœurs?

— Oui!

— Quand cela.

— Il y a trois jours.

— Où donc?

— En Aragon!

— Et c'est don Augustin Nogueras, le commandant général du pays, qui a accompli ce crime?

— Oui !

— Mais pourquoi? Qu'avaient-elles fait?

— Elles étaient ma mère et mes sœurs, répondit froidement Ignacio. L'avant-veille une petite troupe commandée par moi avait rencontré les soldats de don Augustin et les avait complétement défaits dans les environs d'Aranda. Nogueras, la rage dans le cœur, avait été contraint de fuir, et pour se venger de celui qui l'avait loyalement combattu, il a fait traîner au supplice une pauvre vieille femme et trois innocentes jeunes filles.

— Il a fait cela ? dit Cuevillas dont les doigts étreignaient le manche d'un poignard.

— Oh! les christinos en font bien d'autres. Il y a huit jours toute la population d'Adrian a été massacrée par eux, hommes, femmes, enfants, vieillards.

— Eh bien! que devons-nous faire pour les venger ?

— Ce qu'ils font eux-mêmes. Femme pour femme, enfant pour enfant, vieillard pour vieillard! Ils tuent, tuons à notre tour! Pour moi, à partir de cette heure, je serai sans pitié. Un ami a pu recueillir un peu de sang provenant du massacre des miens. Ce sang, tu en vois la trace et tu as entendu mon serment. Ce n'est plus seulement : vive Charles V qu'il faut crier aujourd'hui, c'est vengeance!

— Vengeance! répéta Cuévillas.

— Vengeance! » hurlèrent les *guerilleros* qui, rassemblés autour des deux chefs, n'avaient pas perdu un mot de la conversation qui venait d'avoir lieu.

Les paroles d'Ignacio avaient excité encore les penchants féroces de ces hommes que le traitement qu'ils venaient d'infliger au pauvre Alonso avait déjà cruellement éveillés.

Don Ignacio se retourna vers Cuevillas.

« Maintenant, dit-il, je t'apporte au

nom de Zumala-Carregui, à toi et à Merino, l'ordre d'abandonner immédiatement la Sierra et de te porter sur Bilbao que le général doit attaquer à cette heure. Valdès et Oroa marchent au secours de la ville et nous n'aurons pas trop de toutes nos forces réunies.

— Bien! dit simplement Cuevillas. Le curé et moi devions tenter demain une course dans la Castille-Nouvelle, nous sommes prêts à marcher, nous nous tournerons vers le nord au lieu de marcher vers le midi, voilà tout.

— Et les prisonniers ?

— Nous allons nous en débarrasser sur l'heure. Des trois hommes, l'un est déjà mort ou peu s'en faut, continua le *guerillero* en désignant le corps inanimé du senor Alonso dont la tête toujours enveloppée par les plis du manteau placé pour le bâillonner, ne donnait plus, ainsi que les membres, roidis et immobiles, aucun signe d'existence.

— Et les deux autres? demanda Ignacio.

— L'un est le colonel Ramero y Puelès.

— Celui qui commandait à Pampelune?

— Non, son frère.

— Ah! ah! je le connais un peu.

— Il a la confiance de Valdès, il pourrait nous donner des renseignements précieux sur les forces dont disposent les christinos, et ces renseignements qu'il a refusés obstinément jusqu'ici de me livrer, j'allais tenter de les lui arracher par la force.

— Nous essayerons ensemble...

— Quant à la femme.

— Oh! interrompit Ignacio avec un sourire de bête fauve, celle-là m'appartient. Je ne vengerai ma mère et mes sœurs que sur les femmes, les filles et les mères des christinos. Il faut que je m'habitue à les frapper, et je vais voir tout à l'heure si ma main tremblera en poignardant celle-ci. Allons! ne perdons pas un temps précieux. Interrogeons le colonel. »

Quelques *guerilleros* se précipitèrent vers don Horacio pour l'amener devant les deux chefs.

Le christino comprit l'intention des partisans. Se rapprochant vivement d'Inès qui était lentement revenue à elle :

— Veux-tu m'aimer? dit-il d'une voix

sourde et saccadée. Veux-tu m'aimer je te sauve.

— Non ! répondit la jeune femme, je vous hais !

— Prends garde ! La mort vient !

— Qu'elle vienne, je l'attends, je la demande !

— Inès !... »

La jeune femme recula pour éviter son compagnon.

« Ah ! fit don Horacio avec rage, tu veux mourir, eh bien ! tu mourras ! »

Et il se livra aux *guerilleros* qui l'entouraient.

Don Horacio Ramero était brave. Quand il se trouva en présence des deux chefs carlistes, il redressa orgueilleusement la tête et lança autour de lui un regard assuré.

« Que voulez-vous de moi? demanda-t-il avec une extrême hauteur sans attendre qu'on l'interrogeât.

— Tu vas le savoir, » répondit Ignacio, qui examinait attentivement l'homme que l'on venait de conduire devant lui.

Un léger silence accompagna et suivit cet examen scrupuleux, puis don Ignacio, qui paraissait avoir pris la direction de l'interrogatoire, commença, en plongeant ses regards dans les yeux du colonel, qui ne se baissèrent pas.

« Vous vous nommez Horacio Ramero y Puelès?

— C'est possible, répondit le christino.

— Vous êtes officier dans l'armée de Valdès ?

— Peut-être.

— Colonel ?

— Mon uniforme vous répond mieux que moi. »

Ignacio regarda plus fixement encore don Horacio.

« Vous savez que la mort est sur votre tête ? dit-il.

— Quand elle tombera, je ne me courberai pas! répondit railleusement le christino.

— Ah! ah! vous êtes brave?

— Cela vous étonne?

— Non! dit Ignacio avec une simplicité qui ne manquait pas d'une certaine grandeur.

— Eh bien, alors, continua don Horacio, qui faisait preuve d'une grande liberté d'esprit, eh bien alors, puisque vous reconnaissez que je suis noble, que je suis officier, que je suis brave, pourquoi me traiter en lâche coquin et m'attacher comme un voleur de grande route ! Donnez donc l'ordre qu'on tranche les liens qui me serrent le bras gauche, les cordes m'entrent dans les chairs. J'ai le poignet droit cassé et vos soldats font bonne garde autour de moi. Donc vous ne risquez rien. D'ailleurs, en me gardant garrotté plus longtemps, vous auriez l'air d'avoir peur d'un seul homme et d'un homme blessé !

— Détachez-le ! » dit Ignacio.

# CHAPITRE DEUXIÈME.

## II

**Les bourreaux.**

Paquo, le *guerillero* qui précisément avait brisé le poignet du colonel, s'approcha vivement de lui et prenant le couteau qu'il portait, comme ses compagnons, tout ouvert à sa ceinture, il trancha d'un coup les liens qui retenaient captif le frère du meurtrier de dona Sabina.

Don Horacio, une fois libre, se secoua le corps, comme un cheval qu'on vient de desceller après une longue course.

Son bras gauche, gonflé par la pression des liens qui le retenaient collé au corps, sembla d'abord privé de mouvement, mais peu à peu la circulation du sang reprit son cours et le bras recouvra son élasticité.

Pour tout remerciment, le colonel lança un regard hautain au chef carliste et reprenant sa position en face d'Ignacio, il attendit.

« Vous êtes le frère de celui qui a fait assassiner, à Pampelune, Santos-Ladron, don Luis Irribaren et don Urdova? demanda Ignacio.

— Le croyez-vous?

— J'en suis sûr.

— Alors ce n'est pas la peine de me le demander. »

Un murmure de colère parcourut les rangs pressés des *guerilleros* à cette réponse de prisonnier.

Ignacio calma du geste l'indignation des partisans.

Le jeune chef carliste ne se pressait pas. Il semblait jouer avec le colonel, comme le chat avec la souris qu'il sait bien ne pouvoir lui échapper.

Ignacio avait failli être prêtre, avant

de se faire partisan de don Carlos, et la diplomatie tortueuse du couvent l'emportait sur l'ardeur de son esprit guerrier.

« D'où venez-vous, où allez-vous ? reprit-il.

— Vous devez le savoir, répondit don Horacio en haussant les épaules, puisque le *zagal* qui conduisait la diligence était un bandit de vos amis. »

Un nouveau murmure, provoqué par

l'expression insultante dont s'était servi le christino, éclata autour de lui.

« Silence! » ordonna Cuevillas.

Puis, se tournant vers Ignacio :

« Il venait de l'armée de Valdès, dit-il, et il se rendait à Madrid. »

Don Ignacio tira froidement une fort jolie montre de la poche de son gilet de cuir.

« Il est onze heures et demie, dit-il en s'adressant à don Horacio ; vous avez servi d'aide de camp à Valdès, vous avez toute sa confiance, vous nous donnerez tous les renseignements que nous désirerons, sinon à midi moins un quart vous serez mort! »

Le colonel haussa de nouveau les épaules.

« Je suis soldat, dit-il, je ne trahirai pas les miens.

— Vous avez cinq minutes pour vous décider! »

Et désignant Inès :

« Quelle est cette femme? demanda Ignacio au chef des guerilleros.

— C'est la sienne, répondit Cuevillas.

— La femme du colonel?

— Oui.

— L'aime-t-il?

— Je le crois.

— Alors il parlera. Amenez-moi la senora. »

En entendant donner cet ordre, don Horacio devint très-pâle et il lança un regard étincelant vers Inès, mais celle-ci, déjà conduite par les partisans, détourna la tête pour éviter ce regard avec un sentiment de mépris si évident, que la pâleur du colonel se transforma en une rougeur subite.

« Elle mourra! répéta-t-il. Tant mieux! »

Ignacio, à mesure qu'avançait la jeune femme, la couvrait d'un regard de chat-tigre.

Sa main frémissante se posa sur le

manche de son couteau et la lame acérée brilla sous les reflets du soleil.

Le colonel essaya encore de rencontrer les yeux de la jeune femme, mais Inès ne daigna même pas se tourner vers lui.

Don Horacio fit un geste violent qu'il réprima aussitôt.

Inès, calme et résignée, demeura debout en face d'Ignacio et de Cuevillas et entourée par les partisans.

Don Ignacio la contempla durant

quelques instants, puis il consulta de nouveau sa montre.

« Les cinq minutes sont expirées! dit-il en s'adressant à don Horacio. Parlerez-vous?

— Non! » répondit nettement celui-ci.

Ignacio bondit en avant, saisit Inès par ses longs cheveux flottants, la renversa en arrière et levant le couteau sur sa poitrine :

« Parlerez-vous ? demanda-t-il encore.

— Inès ! » s'écria le colonel que deux guerilleros retenaient sur place.

La jeune femme ferma les yeux pour ne pas voir l'officier de l'armée royale.

Les traits de don Horacio se crispèrent.

« Je ne parlerai pas ! » s'écria-t-il avec fureur.

La lame du couteau que tenait Ignacio étincela sous un rayon lumineux et s'abaissa rapide, mais avant qu'elle ne pénétrât dans la gorge de la pauvre enfant, une trouée s'était faite parmi les guerilleros, et Ignacio recevant un choc violent en pleine poitrine, allait rouler sur le sol pierreux en laissant échapper son couteau.

Ce double incident eut lieu avec une rapidité telle qu'il s'opéra avec la fougue et l'effet d'un boulet.

Les partisans reculèrent surpris, tandis qu'un même cri s'échappait de toutes les poitrines et que don Horacio se précipitait vers Inès.

C'était le muet, l'impassible Rodolfo qui venait d'être la cause de ce tumulte.

Tant qu'avait duré le supplice d'Alonso, Rodolfo était resté calme, sans que ses traits ou ses regards exprimassent autre chose qu'un sentiment de curiosité et presque d'indifférence.

Quand le colonel avait été amené devant les chefs carlistes, Rodolfo n'avait pas davantage exprimé qu'il prît plus d'intérêt à don Horacio qu'au senor Alonso, mais lorsque les guerilleros s'étaient approchés d'Inès, la physionomie du soldat muet s'ét ait singulièrement animée et, l'œil ardent, les narines dilatées, il s'était replié sur lui-même comme s'il eût voulu s'élancer sur les partisans.

Puis, changeant tout à coup d'intention, il s'était levé lentement, indifférent en apparence, et avait suivi la jeune femme, s'arrêtant à quelques pas d'elle, lorsqu'elle s'était arrêtée devant Ignacio, et attendant.

Les guerilleros n'avaient pas pris garde au mouvement de leur prisonnier. Du reste, s'en fussent-ils aperçus, qu'ils ne s'y fussent certes nullement opposés.

Le plateau était trop bien gardé à ses quatre endroits accessibles, pour que l'on pût redouter une tentative d'évasion.

Rodolfo, reprenant son impassibilité,

avait donc attendu l'expiration des cinq minutes accordées par Ignacio à don Horacio, mais lorsqu'il avait vu le jeune carliste bondir sur Inès, la renverser et la menacer de la lame aiguë et tranchante suspendue au-dessus de sa poitrine, il avait poussé un cri rauque et avait fait un effort suprême pour débarrasser ses mains des cordes qui les attachaient.

Alors, voyant que cet effort était inutile et que le danger imminent menaçait la jeune femme, il s'était élancé tête baissée au milieu du groupe des guerilleros, et cela avec une telle vigueur, une telle rage, une telle furie, que, renversant les deux rangs de carlistes qui le séparaient d'Ignacio, il était arrivé d'un seul élan jusqu'à celui-ci et l'avait atteint en pleine poitrine.

Puis, emporté par son propre poids, Rodolfo était allé tomber à quelques pas, ensanglantant sur les pointes aiguës du rocher son visage que ses mains captives n'avaient pu protéger contre le choc.

Inès, repoussée en arrière par la violence du mouvement de son sauveur, avait été renversée dans les bras de Cuevillas.

« *Demonio!* » s'écria don Ignacio en se relevant avec colère et en essayant de vaincre l'étourdissement que lui avait causé le coup terrible qu'il venait de recevoir.

Les guerilleros, revenus de la surprise

qui les avait fait reculer un moment sous l'action de cette espèce de trombe vivante, les guerilleros s'étaient précipités sur Rodolfo.

Mais dans la violence de la chute, les liens qui retenaient le christino s'étaient rompu et Rodolfo avait les mains libres.

Se redressant de toute la hauteur de sa taille gigantesque, le soldat royal promena autour de lui un regard menaçant.

On devinait qu'une lutte terrible allait s'engager et que, malgré le nombre de ceux qui l'accableraient, l'escopetero ferait une héroïque défense.

« Tuez-le ! hurla Cuevillas en saisissant un pistolet.

— Un mot, je te sauve ! » murmura don Horacio au même instant à l'oreille d'Inès qu'il entourait de son bras gauche, comme d'un anneau de fer, serrant la taille ronde et flexible de la jeune femme.

Inès fit un effort pour se dégager.

« Grâce ! grâce ! » s'écria-t-elle en joignant les mains et en essayant de se précipiter vers celui qui venait de l'arracher à une mort immédiate, mais il était trop tard....

Comprenant l'imminence du péril qui le menaçait, Rodolfo, attaquant le premier, s'était élancé sur ses ennemis.

Le choc avait été effroyable.

L'escopetero, décidé sans doute à mourir, mais voulant venger par avance le trépas qui lui était réservé, avait de ses deux mains saisi à la gorge deux des guerilleros qui, l'entraînant dans leur chute, râlaient sous l'étreinte de ses doigts crispés.

Un cri de rage s'éleva de toutes parts, et les partisans, d'un même mouvement, sautèrent sur le malheureux soldat.

Pendant l'espace de quelque secondes, ce fut une masse confuse s'agitant sur le sol. On eût dit d'une meute de chiens, ivres de sang et alléchés par la curée prochaine, se ruant sur un sanglier acculé et faisant tête à l'orage qui fondait sur lui.

Enfin, les cris cessèrent : les guerilleros se relevèrent, et, s'écartant ensemble, dégagèrent un espace libre formant le centre d'un cercle dont eux-mêmes établissaient la circonférence.

Dans cet espace, quatre corps étaient étendus. C'était ceux de trois guerilleros, dont la face décomposée annonçait la mort par la strangulation, et celui de Rodolfo, dont le sang s'échappait par plus de dix blessures.

Cuevillas et don Ignacio avaient présidé froidement à cette scène de meurtre, et les sentinelles, impassibles, n'avaient pas quitté leur poste.

Cependant l'attention de tous, concentrée sur la masse des guerilleros roulant sur le christino, avait laissé à don Horacio une liberté d'action momentanée qu'il avait habilement mise à profit.

Enlevant de terre Inès éperdue et affolée de terreur, il s'était précipité vers le côté du plateau au bas duquel roulait le torrent que surplombait le roc, espérant tromper la vigilance du guerillero de garde, et trouver un passage par l'étroit sentier qu'avait escaladé Eusebio.

Mais le partisan faisait bonne garde.

Hésitant un instant, peut-être le colonel allait-il s'élancer pour renverser le carliste et passer sur son corps, lorsque tout à coup, et sans qu'aucun signal n'eût été donné, trois têtes apparurent au-dessus de l'arête vive du rocher, et trois hommes bondirent du même élan sur le plateau.

« Qui vive? s'écria la sentinelle surprise en appuyant le canon de sa carabine sur la poitrine de celui des trois survenants qui se trouvait le plus près d'elle.

— Charles V et Vittoria ! » répondit le nouveau venu.

Le guerillero redressa son arme. On venait de lui donner le mot de passe indiquant des amis.

L'arrivée de ceux-ci avait lieu au moment même où les carlistes, se relevant, laissaient voir gisant au milieu d'eux les cadavres des quatre hommes.

L'action de la sentinelle, le qui vive? qui avait retenti, la réponse qui avait été faite, avaient appelé immédiatement l'attention de Cuevillas et celle de don Ignacio, qui s'avancèrent vivement à la rencontre des nouveaux venus ; mais ayant qu'ils eussent accompli le mouvement commencé, trois cris, trois cris de joie, d'espérance et d'amour, aussitôt suivis d'un rugissement de rage et de colère, retentissaient à l'extrémité du plateau.

C'est que dans ceux qui venaient de mettre le pied sur le campement des guerilleros Inès avait reconnu son frère et celui qui avait été son fiancé ; c'est que Fernando et Andrès avaient reconnu, l'un sa sœur, l'autre la femme qu'il avait aimée et qu'il aimait encore; c'est que tous trois avaient poussé ensemble ce même cri exprimant trois sentiments divers se confondant en un seul élan, tandis que le colonel, en apercevant Fernando et Andrès, s'était senti mordu au cœur par le démon de la haine et par celui de la jalousie.

Ce Fernando, ce jeune homme qu'il avait jadis perdu, qu'il avait poussé dans une voie fatale pour servir la vengeance de son frère, qu'il avait fait maudire et chasser du toit paternel, c'était le châtiment qui se dressait tout à coup terrible et menaçant.

Cet Andrès, auquel il avait arraché une maîtresse tendrement adorée, pour lequel Inès venait d'avouer qu'elle ressentait encore un amour aussi vif que par le passé, c'était la liberté de la femme qu'il retenait captive, c'était une séparation éternelle entre la victime et son bourreau qui lui apparaissait subitement.

Durant les quelques secondes qui suivirent cette rencontre inattendue de tous quatre, don Horacio supporta toutes les tortures de l'enfer.

Son cœur, serré comme dans un étau refusait d'envoyer le sang dans les artères, et ce sang, amoncelé dans la poitrine, menaçait d'intercepter la respiration haletante du colonel.

Son cerveau, comprimé par la contraction des nerfs, fut sur le point d'être atteint d'une paralysie complète.

Mais ce moment de crise fut court. Rappelé à lui, ou, pour mieux dire, à ses instincts farouches par le mouvement que firent à la fois Fernando et Andrès pour se précipiter vers Inès et l'arracher des bras de don Horacio, le colonel recula d'un pas, parcourant l'endroit du plateau où il se trouvait d'un regard investigateur.

Oubliant et le lieu où il était et la

présence de Cuevillas et d'Ignacio, il cherchait une arme pour préserver la conservation de la proie qui menaçait de lui échapper, mais rien, aucun moyen de défense ne se présenta à son muet appel.

Inès, faisant un geste brusque, s'échappa alors du bras qui l'étreignait.... Don Horacio devint pâle comme un cadavre, et, bondissant en avant, il saisit la jeune femme par sa chevelure dénouée, ainsi que l'avait fait Ignacio quelques minutes auparavant, puis, ne sentant plus dans le paroxysme d'exaltation où était son esprit la douleur que devait lui causer la blessure faite à son poignet droit, il reprit la pauvre enfant dans ses bras nerveux, l'enleva violemment du sol, et, la balançant dans les airs, la lança dans l'abîme ouvert sous ses pieds, et au fond duquel mugissait le torrent à l'instant même où Fernando et Andrès étendaient la main pour la saisir par ses vêtements en désordre.

Un hurlement de douleur, d'effroi, de stupéfaction et de colère folle jaillit à la fois de la poitrine des deux jeunes gens.

Puis tous deux, d'un même élan, se précipitèrent sur l'homme qui venait d'accomplir ce meurtre infâme; mais soit remords de son crime, soit crainte des supplices qui lui seraient infligés, soit démence, le colonel esquiva l'étreinte des mains qui le menaçaient, et, poussant un ricanement sinistre qui n'avait rien d'humain, il sauta lui-même tête baissée dans le précipice.

Cuevillas, Ignacio, Andrès, Fernando, Mochuelo se penchèrent au-dessus du gouffre avec une précipitation telle, qu'on eût dit qu'ils allaient s'y plonger eux-mêmes; mais rien ne s'offrit à leurs regards anxieux.

Le torrent, rendu entièrement profond à cet endroit par les rochers qui obstruaient son cours, roulait avec une rapidité telle, que ses eaux disparaissaient sous un lit d'écume blanchâtre, et, décrivant un angle droit en courant vers le sud, dans la direction de la gorge, disparaissait presque aussitôt à la vue.

« Paquo, Eusebio, au torrent! s'écria Cuevillas en désignant du geste le versant droit de la Sierra.

— J'y serai avant eux! » dit Mochuelo.

Et jetant à terre sa carabine et son manteau, qui auraient pu l'embarrasser dans la descente périlleuse qu'il allait entreprendre, le vieux soldat franchit l'arête du plateau, et, s'accrochant des pieds et des mains aux plantes rampant le long du rocher, profitant habilement des moindres crevasses qui fendaient le granit, disparut à son tour, tandis qu'Eusebio et Paquo, sur l'ordre de leur chef, s'élançaient vers le sentier sur lequel avait eu lieu l'arrestation de la diligence.

Des quatre prisonniers faits par les

carlistes dans cette soirée dont nous avons décrit les événements multiples, deux étaient là sans mouvement et sans vie : l'un étouffé sous les plis du manteau à l'aide duquel on l'avait bâillonné; l'autre nageant dans une mare de sang noir, et les deux derniers venaient de trouver sans doute une mort affreuse dans l'abîme aux ondes mugissantes.

Ces trois scènes que nous venons de raconter, l'intervention de Rodolfo en faveur d'Inès, suivie de sa lutte avec les *guerilleros*, l'arrivée de Fernando et d'Andrès, et le double crime accompli par le colonel, ces trois scènes s'étaient passées avec une rapidité telle, et dans un espace de temps si resserré qu'elles s'étaient pour ainsi dire confondues en une seule.

Andrès et Fernando, terrifiés par ce qui venait d'avoir lieu, semblaient frappés d'anéantissement; pétrifiés et muets, ils n'avaient même plus la faculté de voir.

Cuevillas et Ignacio s'interrogeaient du regard, cherchant à deviner la cause du terrible événement; car l'action du colonel les avait également frappés de stupéfaction.

Les *guerilleros* eux-mêmes, ces hommes habitués à commettre froidement les atrocités les plus folles, demeuraient inquiets et attentifs, comme s'ils eussent eu leur part dans le drame qui venait de se passer à l'extrémité du plateau.

Enfin, Andrès parut le premier recouvrer sa raison et la conscience de la situation présente.

Indiquant du geste le désespoir auquel était en proie son esprit, il fit un mouvement brusque vers le torrent, s'apprêtant évidemment à prendre la voie aérienne qu'avait suivie Mochuelo.

Cuevillas et Ignacio l'arrêtèrent vivement.

« Inutile, dit le premier; il est trop tard !

— D'ailleurs, ajouta don Ignacio, ce sont des ennemis.

— C'est la femme que j'aime ! s'écria Andrès.

— C'est ma sœur ! fit l'aide de camp de Zumala-Carregui.

— Votre sœur? dit Ignacio avec un étonnement qui n'avait rien de joué; votre sœur? La femme du colonel Ramero y Puelès est votre sœur?

— Oui ! répondit Fernando.

— Eh bien ! ajouta le jeune chef carliste en accompagnant ses paroles d'un sinistre sourire ; eh bien ! si cette femme, fille et sœur d'un défenseur de Charles V, a épousé un ennémi de sa famille et de son pays, elle était devenue traître et infâme. Mieux vaut qu'elle soit morte que vivante ! »

Et, sans donner aux deux jeunes gens le temps de prononcer une parole, soit pour blâmer sa sentence politique, soit pour y applaudir, il se retourna vers Cuevillas.

« Rassemblez vos hommes et partons, dit-il d'une voix brève. Il faut rallier le curé, car nos amis nous attendent et ont besoin de nous.

— En route! commanda Cuevillas.

— Mais!... s'écrièrent ensemble Andrès et Fernando dont l'anxiété avait atteint à son comble.

— Nous allons suivre le torrent, » fit observer Ignacio.

Les deux jeunes gens s'élancèrent en tête. A l'instant où ils traversaient la petite grotte pour descendre par l'étroit sentier, Mochuelo se présenta à eux.

« Eh bien? firent-ils d'une même voix.

— Rien, répondit tristement le vieux soldat; le torrent est profond et sait garder sa proie... Il était trop tard! »

Fernando laissa tomber sa tête sur sa poitrine, tandis qu'Andrès levait au ciel un œil chargé d'éclairs.

« En avant! » commanda la voix sonore de Cuevillas.

Et les *guerilleros* se mirent en route, entraînant au milieu d'eux le fils de dona Sabina et l'amant malheureux de la femme du colonel christino.

# CHAPITRE TROISIÈME.

## III.

Les vautours.

Le plateau demeura libre. Seuls, les corps inanimés d'Alonso, de Rodolfo et des partisans indiquaient le campement de la *guerillera* et la présence récente des *guerilleros*.

Le silence régnait maintenant dans ces lieux animés tout à l'heure par une succession de scènes émouvantes. On n'entendait que le mugissement du torrent, le sifflement de la bise dans les gorges de la Sierra, et le bruit, allant en s'affaiblissant, des pas légers de la troupe commandée par Cuevillas et par don Ignacio.

Un quart d'heure environ se passa ainsi ; puis un point noir se détacha sur l'azur du ciel. A ce point noir vinrent s'adjoindre quatre ou cinq autres points rendus plus petits à l'œil par l'éloignement; mais cet éloignement cessa rapidement : les points grossirent et bientôt on put distinguer les corps emplumés de vautours à tête brune déchirant les airs de leur vol rapide.

Les oiseaux carnassiers, flairant le sang et la chair avec cet instinct du chien de chasse à l'heure de la curée, se dirigeaient droit vers le plateau abandonné par la *guerilla*.

En quelques minutes, ils atteignirent le point de l'atmosphère situé précisément au-dessus des cadavres, et ils planèrent bruyamment sans s'abattre tout d'abord.

Décrivant ensuite des cercles capricieux qu'ils resserraient de plus en plus, ils circonscrirent leur course aérienne dans l'étroit espace qu'ils dominaient.

Peu à peu la distance qui les séparait de leurs proies enviées s'amoindrit par suite de l'abaissement vers la montagne des cercles décrits dans le ciel, et bientôt, rendant inactives leurs ailes puissantes, ils se laissèrent tomber légèrement sur le roc.

Le premier qui s'abattit sur le plateau fondit sur le corps immobile du senor Alonso.

D'un violent coup de bec, le vautour arracha le manteau enroulé autour de la tête du malheureux compagnon de voyage du colonel Ramero.

La cape, emportée par le vent, découvrit la face bleuâtre de la victime. La bouche était crispée, les yeux démesurément ouverts et les muscles du visage horriblement contractés.

L'expression de la douleur la plus vive était encore empreinte sur ce visage pâli par la mort, mais il était évident que le pauvre négociant avait succombé, non par suite de cette douleur atroce, mais bien par suite de l'asphyxie qu'avait occasionné le vêtement de laine interceptant l'air respirable.

L'oiseau de proie contempla un moment le cadavre de son regard froid et incisif, puis sautant sur le front glacé du senor Alonso, il imprégna sa serre aiguë dans les chairs du crâne, et de son bec crochu commença à déchirer la face.

C'était un spectacle hideux que celui offert par ce vautour aux instincts repoussants, dépeçant ces chairs inertes et faisant entendre, d'instants en instants, un cri de joie féroce, spectacle trop souvent renouvelé durant cette guerre d'extermination, corollaire obligé de toute rencontre entre les soldats de la reine et les partisans de don Carlos.

Excités, enhardis par l'exemple du premier des leurs qui s'acharnait déjà sur sa proie, les autres oiseaux carnassiers s'abattirent sur les corps des trois soldats de Cuevillas étendus près de l'escopetero.

Ce fut encore à la face, suivant leurs

habitudes et leurs instincts, que les vautours attaquèrent leurs victimes.

En un instant le crâne fut dépouillé, et les os apparurent blancs et polis sous les chairs pendantes.

Jusqu'alors Rodolpho avait échappé à l'horrible voracité des oiseaux. Son corps, disparaissant aux trois quarts sous ceux de deux de ses ennemis, était presque dissimulé aux yeux des carnivores en quête de curée: mais trois ou quatre vautours s'acharnant sur une même proie avec un ensemble incroyable, firent glisser le cadavre de l'un des *guerilleros* et mirent à jour le buste et la tête de l'escopetero.

L'aigre brise du nord passant sur le plateau, frappa en plein le visage blafard du soldat muet.

Alors il s'accomplit quelque chose de bizarre, d'incroyable, de surnaturel. Cet homme couché dans une mare de sang, cet homme transpercé par plus de dix blessures, cet homme déjà roidi et que le bec des vautours commençait à déchirer, cet homme sembla frémir de tout son être.

Un léger soupir se dégagea de sa poitrine que n'oppressait plus le poids du cadavre du *guerillero*, son œil s'entr'ouvrit faiblement.

Les oiseaux de proie, alléchés par l'odeur du sang, se précipitèrent sur les endroits du corps déchirés par les couteaux des partisans.

Rodolfo fit un second mouvement

plus accentué que le premier, puis l'instinct de la conservation s'éveillant tout à coup dans ce corps que la vie n'avait pas encore complétement abandonné-il leva son bras droit dans la direction des vautours.

Ceux-ci continuèrent leur œuvre sanguinaire.

Alors la douleur apporté par ces becs aigus surexcitant le peu de force qui lui restait, l'escopetero fit un effort violent, se dressa sur son séant, et saisissant un fusil ayant appartenu à l'un des *guerilleros* tués par lui et qui gisait à sa portée, il fit feu sur les oiseaux féroces.

Un vautour roula sur le plateau, les autres, effrayés, s'envolèrent, allant se poser sur la crête du rocher qui dominait le torrent.

Rodolfo voulut se lever ; mais affaibli par la perte de son sang, par les douleurs qu'occasionnaient ses blessures, par le dernier effort qu'il venait de tenter, il retomba sur le sol et demeura de nouveau immobile.

L'escopetero était évanoui.

Les vautours demeurèrent un instant inquiets et silencieux ; puis, rassurés probablement par l'apparence de cadavre qu'avait repris celui qui venait d'essayer de se soustraire à leur ignoble voracité, ils revinrent doucement vers leurs proies.

En ce moment un cri d'alarme retentit au bas du rocher, cri empreint de tous les tons de la prière, de l'effroi et de la douleur, puis à ce cri succéda un silence profond, et les vautours reprirent leur œuvre infâme.

Le soleil à son zénith éclairait alors cette scène que nous renonçons à décrire dans toutes ses péripéties repoussantes; mais soit souvenir de la mort de leur compagnon, soit gloutonnerie les retenant sur le cadavre d'Alonso et sur ceux de deux des *guerilleros*, les oiseaux de proie n'osèrent s'acharner de nouveau sur le corps. cependant toujours immobile, de l'escopetero agonisant.

# CHAPITRE QUATRIÈME.

## IV

#### Un général carliste

Ainsi que nous l'avons dit plus haut, cela avait été contre son gré que le général en chef de l'armée carliste s'était déterminé à venir mettre le siége devant Bilbao.

Il eût de beaucoup préféré se porter une seconde fois sur Vitoria, dont la reddition lui paraissait plus certaine; mais la pénurie d'argent où se trouvaient les troupes était extrême, et l'on espérait que la prise d'une ville aussi opulente que Bilbao pourrait procurer au parti du prétendant d'immenses richesses en numéraire, en armes, en vivres et en munitions.

Zumala avait donc surmonté la crainte d'une non réussite, crainte que lui inspiraient l'aspect imposant des fortifications de la ville, la population nombreuse qu'elle renfermait et le nombre de la garnison que les christinos y avaient jetée nouvellement, pour se décider à commencer le siége en raison du motif impérieux que nous avons signalé.

En conséquence, le 8 juin au soir, abandonnant la route de Vitoria, il s'était enfoncé dans les montagnes, laissant à sa gauche Orduna et se dirigeant vers Bilbao par Villaro et Zamosa.

Ce mouvement de l'armée carliste avait eu lieu quelques instants après la rencontre de Fernando et d'Andrès dans les circonstances dramatiques que nous savons et à l'heure même où le colonel Ramero et sa femme quittaient le village de Castillejo, en compagnie du senor Alonso et de l'escorte commandée par Rodolfo.

Ce n'était pas sans raison que le front du général carliste se chargeait de nuages en conduisant son armée vers la capitale de la Biscaye. A cette époque, la garnison s'élevait à quatre mille hommes, sans compter la garde nationale ; la ville était couverte par des ouvrages de campagne très-bien construits, et elle était défendue par quarante pièces de canon, dont plus de trente étaient de gros calibre.

Or, l'artillerie des carlistes, tout son

équipage de siége, tiré des places qu'elle avait prises, se composait de deux canons de douze et d'un de six en fer, de deux canons de quatre en bronze, de deux obusiers et d'un mortier.

La façon dont Zumala-Carregui avait réussi à former cette artillerie, et était parvenu à la conserver presque intacte, en dépit de l'impossibilité de la faire passer par les chemins et de la nécessité d'abandonner souvent les canons sur les routes ou dans les montagnes, offre l'un de ces mille côtés pittoresques et de ces merveilleuses preuves d'intelligence et de sang-froid qui signalaient cette guerre de famille.

A l'affaire d'Alegria, le général carliste avait pris deux canons aux christinos ; mais ce butin, si précieux en apparence, faillit l'embarrasser fort : il n'avait dans toute son armée ni un artilleur ni un officier capable d'organiser et de monter une batterie.

Presque tous les carlistes étaient de

simples paysans, d'anciens *guerilleros*, des bandits, des mendiants, des étudiants; tous savaient manier la carabine, mais personne n'avait l'idée, même confuse, de la manœuvre du canon.

Ne voulant pas cependant se défaire de ces armes terribles obtenues par le succès, Zumala-Carregui ordonna de les démonter et les fit charger à dos de mulet.

Quelque temps après, l'armée cariste conquit encore trois pièces de montagne extrêmement légères et de petit calibre : deux avaient appartenu à la division O'Doyle, la troisième avait été trouvée par les insurgés dans la fabrique royale d'Orbayceta.

Dans cette même fabrique, les soldats de Zumala-Carregui rencontrèrent une certaine quantité de boulets et de projectiles creux dont ils s'emparèrent.

Bien qu'il ne sût toujours pas quand ni comment il pourrait tirer parti de ces canons et de ces projectiles, le général fit enlever les uns et les autres, les adjoignit aux deux pièces qu'il possédait déjà, et fit conduire le tout, dans le plus grand secret, au fond des montagnes voisines.

Là, il en fit plusieurs dépôts dans les endroits les plus épais et les plus reculés, de manière à les soustraire aux recherches les plus actives des christinos.

Sur ces entrefaites, un ancien élève de l'école royale d'artillerie espagnole, nommé Vincente Reyna, et qui, à la mort de Ferdinand, était lieutenant dans une batterie de la garde, passa dans les rangs des partisans de don Carlos et vint offrir ses services à Zumala-Carregui.

C'était une bonne fortune pour le général carliste, et on comprend qu'il accueillit l'officier transfuge comme un auxiliaire important.

Il le conduisit dans les dépôts dont nous avons parlé, et après une visite minutieuse, dit Zaratiegui, l'historien espagnol auquel nous empruntons une partie de ces détails (1). Reyna constata que l'armée de don Carlos avait à sa disposition des grenades de sept pouces, quelques bombes de 14, des boulets de 12 et onze mille boulets de 18.

Seulement pour pouvoir utiliser ces projectiles, il fallait des armes autres que celles que l'on possédait car, canons

(1) *Vida y hechos de Zumala-Carregui*, par Zaratiegui. Paris 1845.

et boulets, obusiers et bombes n'étaient pas de même calibre.

Cette difficulté n'arrêta pas Reyna, qui entreprit de fondre des obusiers et des canons.

Mettant en réquisition braseros, poêlons, bassinoires, casseroles, tous les ustensiles de cuivre que l'ont put trouver à dix lieues à la ronde, il les fit enlever et transporter dans la montagne, au milieu d'un bois épais, à quelque distance de Labayen, lieu impénétrable qui lui parut offrir toutes les conditions favorables pour y établir une forge et une fonderie.

Malheureusement, à la première coulée, le métal manqua et force fut de sacrifier les trois pièces de montagne et les deux canons pris à Alegria, que l'on fit fondre au plus vite.

Mais les fondeurs et le chef de l'artillerie manquaient des instruments les plus indispensables pour mener à bonne fin la difficile opération.

D'ailleurs Reyna était bon officier, mais fort inexpérimenté dans l'art de la fonte. Aussi lui fallut-il une énergie et une patience incroyables pour triompher des obstacles et ce ne fut qu'après mille essais infructueux et à l'aide d'une persévérance surhumaine qu'il parvint enfin à établir deux mortiers et deux obusiers qui, grossiers à l'extérieur, étaient cependant susceptibles de remplir l'objet de leur mission.

Quand Zumala-Carregui se vit en

possession d'armes capables de lancer des projectiles creux, il voulut aussi se procurer une pièce de siége.

Ayant appris qu'on avait découvert en Biscaye, sur le bord de la mer, un vieux canon de fonte, il le fit examiner, et dès qu'on eut reconnu que cette pièce était du calibre 12, il donna l'ordre de la conduire en Navarre.

A cet effet, on construisit un char, on y plaça le canon, qui fut traîné par six paires de bœufs par des routes impraticables et presque toutes occupées par l'armée de la reine.

Dire quelles ruses, quelles fatigues il fallut employer, quels dangers il fallut braver, de quelle stratégie savante il fallut faire preuve pour conduire ce trophée au milieu de l'armée carliste, serait une œuvre exigeant à elle seule tout un livre.

Enfin le canon arriva à sa destination. Le char observé attentivement s'arrêta en présence du général, on découvrit la pièce et un immense éclat de rire salua sa bienvenue. C'est que ce pauvre débris de la guerre était si vieux, si rongé par la rouille, si couvert de boue et de détritus de toutes espèces qu'il offrait, il faut bien le dire, l'aspect le plus misérable.

Les soldats le surnommèrent sur-le-champ *el abuelo* (le grand-père) et ce nom lui demeura parmi les carlistes.

Ce fut devant Elisondo que Zumala-Carregui fit pour la première fois usage de son artillerie, mais forcé de lever le siége devant l'approche de Mina, il donna l'ordre à Reyna d'enfouir canons et projectiles dans le val de Lang.

Dès lors ce fut ainsi que l'on procéda constamment.

La principale qualité de l'armée du prétendant était une excessive mobilité. La nécessité de traîner de l'artillerie eût entravé sa marche, aussi lorsqu'elle se mettait en route, enterrait-elle ses canons et ne venait-elle les reprendre que lorsqu'elle en avait besoin pour agir contre quelque poste fortifié.

Cependant Zumala-Carregui avait trouvé en Mina un adversaire actif, infatigable, expérimenté et aussi froidement cruel qu'il le fallait être pour sacrifier hommes et choses au profit de la cause qu'il servait.

Mina, devinant les ruses de l'armée carliste, résolut de tout tenter pour lui enlever son artillerie.

Mina avait trop d'expérience et connaissait trop bien le pays pour ignorer combien il était difficile de remuer un équipage de siége dans les montagnes, même en employant pour le voiturer les chars à bœufs en usage dans le pays.

Il était donc certain que l'artillerie qui avait servi contre Elisondo ne pouvait être bien loin ; néanmoins, toutes ses démarches et tous ses efforts pour la découvrir restèrent inutiles ; pendant qu'il la cherchait auprès d'Elisondo, Zumala-Carregui avait fait déterrer le *grand-père* et un obusier, et les avait fait conduire devant los Arcos.

Il ne put pas se rendre maître de cette ville le premier jour; mais pendant la nuit elle fut abandonnée par les troupes de la reine.

Les carlistes y entrèrent le lendemain matin; ils y trouvèrent cinq cents fusils neufs, des munitions et une grande quantité d'effets d'habillement.

Mina resta dans le Bastan jusqu'à la fin de février pour y recevoir un convoi de un million trois cent mille francs d'argent, d'armes, de munitions et de dix voitures chargées d'effets qui lui étaient envoyées de France.

A peine fut-il de retour à Pampelune, que Zumala-Carregui vint de nouveau remettre le siége devant Elisondo.

Mina accourut en toute hâte devant Bastan, bien décidé cette fois à ne pas en sortir qu'il ne se fût rendu maître de l'artillerie des carlistes.

Pensant que plusieurs des habitants

de Lecoroz devaient connaître l'endroit où l'artillerie était cachée, puisqu'ils demeuraient à peine à une portée de canon d'Elisondo, il fit cerner le village et fit prendre tous les hommes.

Ces malheureux, au nombre de cinquante, furent rangés sur une seule ligne, et le général christino leur enjoignit de révéler l'endroit où se trouvaient les canons de Zumala-Carregui, puis comme aucun d'eux, soit ignorance, soit dévouement à don Carlos, ne voulut le déclarer, il en fit sortir cinq qu'il fit placer en avant de la ligne.

Alors eut lieu l'une de ces scènes épouvantables semblables à toutes celles que l'on trouve à chaque page de l'histoire de cette guerre effrayante.

Mina, la carabine au poing, s'avança vers la première de ces victimes du village décimé.

« Où est l'artillerie des insurgés? demanda-t-il.

— Je ne sais pas! » répondit le paysan.

Mina appuya le canon de son arme sur la poitrine du prisonnier et pressa la détente. Le coup partit, l'homme tomba.

Le général rechargea lui-même sa carabine et passa au second.

Même demande adressée suivie de la même réponse.

Le second homme roula à son tour auprès du premier.

En ce moment le quatrième et le cinquième, jouant le tout pour le tout dans cette terrible partie dont la vie était le seul enjeu, s'élancèrent pour prendre la fuite.

« Feu! » cria Mina en s'adressant à un peloton de chasseurs.

Les fusils s'abaissèrent vivement et les deux fugitifs, frappés mortellement, demeurèrent étendus sur le sol.

Mina passa au cinquième, mais celui-ci, soit que l'exemple du trépas de ses quatre prédécesseurs eût agi sur son esprit, soit qu'il eût moins de conviction politique ou plus d'attachement à la vie, celui-ci, disons-nous, joignit les mains en se prosternant et en s'écriant qu'il était prêt à livrer le secret exigé.

A cet acte de faiblesse et de lâcheté un cri d'indignation jaillit à la fois de toutes les poitrines et les prisonniers lancèrent un même anathème sur la tête du délateur.

Mina fit un geste : deux cents fusils

s'abaissèrent menaçants vers les malheureux, puis les voyant réduits au silence, il donna l'ordre de les garotter et se fit conduire à l'endroit où il devait déterrer l'artillerie de Zumala-Carregui.

Par bonheur pour les carlistes, le jeune paysan ne connaissait qu'une seule des cachettes, de sorte que Mina ne put s'emparer que de deux mortiers et d'un obusier enfouis tous trois dans la forêt de Bertiz.

Cela fait, il revint à Lecaroz, et pour se venger du silence obstiné gardé par les habitants relativement au reste de l'artillerie carliste, il les fit décimer sur l'heure et ensuite il livra le village aux flammes. Puis le 14 mars (1835) il publia la proclamation dont nous extrayons le passage suivant :

«.... Le village de Lecaroz, traître à Sa Majesté et à la patrie, protecteur avoué des ennemis qui la déchirent, a, jusqu'à ce jour, au mépris des lois, recélé les armes et les munitions des factieux ; ses habitants ont pris la fuite à l'approche de nos troupes, ils ont refusé de se conformer aux ordres que je leur avais intimés de faire part aux autorités légitimes des mouvements des ennemis.

« ............... Le village de Lecaroz a été aujourd'hui livré aux flammes, ses habitants ont été décimés et fusillés sur le champ en punition de leur crime.

« Le même sort est réservé à toute

population ou à tout individu qui suivra l'exemple de Lecaroz, et par la force des armes je mettrai fin à une rébellion criminelle, obstinée et honteuse... »

La nuit même qui suivit cette expédition, Zumala-Carregui, prévenu de ce qui s'était passé, envoya déterrer le reste de son artillerie et la fit conduire dans l'Araquil.

Enfin trois mois plus tard non-seulement il avait conservé cette artillerie précieuse, mais encore il l'avait assez augmentée pour pouvoir établir sous les murs de Bilbao une batterie de siége en règle.

# CHAPITRE CINQUIÈME

V

Le siége

Cependant, ainsi que nous l'avons dit, les moyens d'attaque étaient loin d'être égaux aux moyens de défense, aussi lorsque le troisième jour du siége, tandis que Fernando, Andrès et Mochuelo erraient dans les montagnes et s'élançaient dans la Castille-Vieille pour rejoindre Ignacio qu'ils savaient devoir être auprès de Cuevillas et de Merino, lorsque ce jour-là les batteries élevées par les Carlistes auprès de l'église Notre-Dame de Bogona ouvrirent leur feu, Bilbao y répondit avec une supériorité qui fit voir quelle énorme disproportion existait entre les ressources des deux partis.

Avant la fin de la journée, cette inégalité incontestable fut encore augmentée.

Les deux gros canons des Carlistes crevèrent, et leur artillerie se trouva réduite à une pièce de six et à deux de quatre, tandis que la ville lançait sans relâche des boulets de dix-huit et de vingt-quatre.

Un obus, pénétrant sous le portique de Notre-Dame de Bogona, prit d'enfilade les faisceaux d'armes du régiment des guides, réduisit en pièces soixante-seize fusils et, en éclatant, tua deux sentinelles.

Deux minutes plus tard, à quelques pas de là, un second projectile, lancé tout aussi heureusement, fit encore un ravage plus considérable.

Zumala comprit vite qu'il n'avait qu'une seule chance de succès : ouvrir une brèche et emporter la ville d'assaut.

Aussi, toute la journée fut-elle em

ployée dans ce but par sa faible artillerie.

Zumala comptait sur les renforts qu'il attendait d'heure en heure et sur les bandes de Merino et de Cuevillas, car il ignorait qu'Ignacio, qu'il avait expédié vers les deux chefs de guerilleros, avait été contraint de se replier devant une colonne de l'armée royale, qu'il s'était jeté dans l'Aragon pour se faire passage, que là il avait rencontré don Augustin Nogueras, et que l'engagement, fatal à celui-ci, avait été suivi par le meurtre de la mère et des sœurs de don Ignacio.

Ignacio, lorsque nous avons assisté à son arrivée auprès de Cuevillas, était donc en retard de près de sept jours; mais Zumala-Carregui, ne pouvant connaître les causes qui avaient entravé l'exécution de ses ordres et comptant sur l'activité dont le jeune chef carliste avait donné souvent des preuves éclatantes, Zumala-Carregui croyait à chaque minute voir pointer à l'horizon les colonnes des hardis guerilleros.

Le soir, la brèche fut faite et à peu près pratiquable : Zumala, furieux de l'absence de ceux sur lesquels il avait compté, voulut mettre à profit ce succès de son artillerie et il forma un corps d'assaut, mais on eût dit que durant ce malheureux siége tout devait se réunir pour briser l'énergie du général et entraver ses projets.

Au moment où Zumala-Carregui allait

s'élancer à la tête des siens et les entraîner vers la brèche, on vint l'avertir que les munitions manquaient.

Le général blémit de fureur et de rage, puis, baissant tristement la tête, il donna l'ordre de rentrer au camp.

Durant la nuit, les assiégés bouchèrent la brèche avec des sacs de terre.

Le lendemain, les munitions arrivèrent, mais il fallait recommencer l'œuvre si difficile accomplie la veille, et cette fois l'artillerie échoua dans son entreprise.

Zumala-Carregui ne mangea pas de toute cette journée; la nuit suivante, il ne se coucha pas et ne dormit pas.

Le matin venu, il trouva un peu de repos, après qu'il eut signé une dépêche adressée aux ministres de don Carlos, dans laquelle il disait que la disproportion existant entre ses forces et celles que les assiégés lui opposaient, le contraindrait sans doute à lever le siége.

Quand il eut vu partir le porteur de cette lettre pour Durango, où était le quartier royal, il sortit de la maison qu'il occupait et se dirigea vers l'endroit où était établie la batterie.

C'était le 15 juin 1835.

Il était encore très-grand matin quand l'artillerie de la place ouvrit son feu.

Voulant examiner les travaux opérés par les assiégés durant la nuit précédente et suivre l'effet du tir de ses canons qui tonnaient à ses pieds, le général carliste monta au premier étage d'une maison située près de l'église de Notre-Dame de Bogoña.

L'intendant général de l'armée, don Domingo-Antonio Zabala, l'auditeur don George Lazaro, le chirurgien en chef don Vincente-Gonzalès de Grediaga et quelques autres officiers accompagnaient le lieutenant de don Carlos.

Zumala-Carregui s'avança vivemen

vers une fenêtre ouverte donnant sur un balcon extérieur.

« Prenez garde, général! s'écria Zabala en l'arrêtant et en se jetant au-devant de lui ; et du geste il désignait les éclats de muraille que faisait jaillir incessamment la pluie de projectiles lancés par les assiégés et qui tombaient sur la maison comme une averse de grêlons durant un orage.

— Soyez sans crainte, répondit Zumala-Carregui, je ne sortirai pas. »

Et effectivement, il s'appuya contre la fenêtre sans s'avancer sur le balcon.

En ce moment, un soldat, gravissant rapidement l'escalier, entra dans la pièce où se trouvaient le général et son état-major.

« Général! fit-il en s'arrêtant et en saluant militairement.

— Que veux-tu? demanda brusquement Zumala-Carregui.

— Un homme demande à vous parler sur-le-champ.

— Quel homme? s'écria le général avec impatience. D'où vient-il? qui est-il? Est-ce enfin un éclaireur de Merino ou de Cuevillas?

— Je ne le crois pas, général.

— Alors que veut-il?

— Je l'ignore.

— Eh bien! qu'il attende! »

Et Zumala retourna vers la fenêtre qu'il avait quittée un moment pour s'avancer vers le soldat.

Celui-ci ne parut pas avoir entendu

l'ordre de son chef, car il demeura à la même place sans faire un pas en arrière.

« Général, insista-t-il, cet homme a dit qu'il fallait absolument qu'il vous parlât sur-le-champ, fussiez-vous en conférence avec Sa Majesté elle-même, et il a ajouté qu'en prononçant son nom auprès de vous, cela suffirait pour expliquer sa mission.

— Eh bien! ce nom, quel est-il? demanda Zumala-Carregui en faisant un brusque mouvement de tête, car une balle venait de lui effleurer l'oreille droite.

— Fabian Christoval! répondit le soldat.

— Fabian Christoval! répéta le général dont les yeux s'enflammèrent tout à coup.

— Oui, général.

— Et tu dis qu'il est là?

— Oui, général.

— Où cela?

— En bas, sous le balcon.

— Sous le balcon! » s'écria Zumala-Carregui en s'élançant en avant.

Les assistants poussèrent un cri d'effroi : Zumala venait de franchir le seuil de la porte-fenêtre et de s'avancer sur le balcon, sur l'appui duquel il se penchait.

En cet instant, le feu des assiégés sembla redoubler d'ardeur et une véritable trombe de fer et de plomb s'abattit sur la maison crevassée déjà par les projectiles.

« Fabian! est-ce toi? demanda le général en se penchant encore davantage au dehors.

— Oui, général! répondit la voix du vieillard, dans la maison duquel Mochuelo avait conduit Fernando et Andrès la nuit fatale dont nous avons raconté les incidents divers.

— Au nom du ciel! rentrez! s'écria l'auditeur, en saisissant le bras de Zumala-Carregui pour le forcer à un mouvement de retraite.

— Je vous suis, George, » répondit le général en se retournant pour jeter un dernier coup d'œil sur la ville.

Mais au moment où don George Lazaro, prenant la main du chef carliste, l'attirait en arrière, il sentit cette main se crisper violemment dans la sienne.

« Qu'avez-vous ? » fit-il en se retournant avec effroi.

Zumala-Carregui était très-pâle, et

du bras gauche il se soutenait contre le mur.

« Vous êtes blessé, général? s'écria le chirurgien en bondissant en avant.

— Oui, répondit nettement Zumala, mais cela n'est rien. »

Et voulant joindre l'action à l'affirmation qu'il venait de donner, il fit un pas en avant pour rentrer dans la chambre, mais il s'affaissa presque aussitôt sur lui même.

L'auditeur et le chirurgien le retinrent dans leurs bras et l'empêchèrent de tomber.

Le général venait de recevoir une blessure grave.

Une balle l'avait atteint à la partie antérieure et interne de la jambe, à quatre centimètres environ au-dessous du genou, contournant le tibia qu'elle avait endommagé.

Zumala-Carregui fut transporté sur un siége.

« Un matelas et une civière! commanda le chirurgien d'une voix brève, en même temps qu'il s'empressait de saisir sa trousse et de l'étaler sur le carreau.

— Tout à l'heure! chez moi... » fit Zumala-Carregui en se redressant.

Puis se tournant vers l'un des officiers qui l'entouraient, le visage décomposé par la douleur :

« Faites monter l'homme que l'on vient de m'annoncer, » dit-il.

L'officier se précipita.

« Vous me panserez chez moi, » continua Zumala en se retournant vers le chirurgien.

L'officier reparut, suivi par le vieux Fabian.

Lorsque celui-ci aperçut le général étendu à demi sur un fauteuil, la face pâlie et la jambe sanglante, il fit un geste de violent désespoir.

« Vous êtes blessé ? dit-il en se précipitant vers l'une des mains du général qu'il saisit et qu'il porta à ses lèvres.

— Ce n'est rien, » répondit Zumala en écartant du geste ceux qui l'entouraient.

Les officiers et le chirurgien reculèrent respectueusement.

« Eh bien? fit le général en baissant la voix, afin que son interlocuteur l'entendît seul.

— Eh bien! vous ne vous trompiez pas, répondit Fabian.

— Tu l'as donc vu?

— Oui.

— Où cela ?

— Chez moi.

— Quand ?

— Il y a six jours.

— Eh bien ? répéta Zumala avec une anxiété visible.

— Eh bien.... c'est lui !

— Tu en es sûr ?

— J'en réponds.

— Et tu sais tout ?

— Oui. »

Le général se renversa en arrière.

« Ah! murmura-t-il, Dieu me devait bien cette récompense pour ce que j'ai souffert. »

En ce moment on vint annoncer que la civière attendait.

Le chirurgien s'avança vers le général.

« Faites de moi ce que vous voudrez, dit Zumala-Carregui, maintenant je vous appartiens. »

Quatre soldats s'avancèrent et se disposèrent à enlever leur général, afin de le transporter sur le matelas disposé à cet effet.

Fabian suivit le triste convoi, et Zumala-Carregui, entouré des siens, fut transporté dans la maison qui lui servait de logement.

« Que pensez-vous de cette blessure? demanda à don Vincente l'intendant général, au moment où l'on atteignait le seuil de la maison.

— La blessure n'est pas grave par elle-même, » répondit à haute voix le chirurgien en remarquant l'attention que quelques-uns lui accordaient.

Il ajouta en se penchant vers Zabala :

« Malheureusement les conséquences peuvent en être mortelles! »

Dès que Zumala-Carregui fut transporté sur le maigre et unique matelas qui composait à lui seul tout son lit de campagne, le chirurgien s'approcha de lui pour examiner la blessure, la sonder, extraire le projectile qui l'avait causée et poser un premier appareil.

## CHAPITRE SIXIÈME.

## VI.

#### Le blessé.

Le blessé, étendu sans mouvement, laissa opérer don Vincente Gonzalès avec toute la lenteur et toute la précaution qu'il plut à celui-ci de déployer.

Le chirurgien coupa le pantalon et mit à nu la partie attaquée, puis, prenant une sonde qu'il tira de sa trousse, il introduisit l'instrument dans la plaie béante dont s'échappait un sang noirâtre.

Don Vincente fit un signe d'impatience.

« Qu'avez-vous, docteur? demanda Zumala-Carregui qui, depuis quelques instants, suivait la pensée du médecin sur sa physionomie expressive, cherchant ainsi à la surprendre.

— J'ai, répondit brusquement don

Vincente, que l'extraction de la balle est difficile et vous fera horriblement souffrir.

— Cependant, vous allez la tenter cette extraction, fit le général en essayant de se soulever.

— Tenter d'extraire la balle ! dit le chirurgien tout en concentrant son attention sur les ligatures dont il entourait la jambe atteinte.

— Oui.

— Ma foi, non !

— Comment? vous allez laisser le projectile dans la blessure?

— Sans doute.

— Mais....

— Ne vous inquiétez pas général, interrompit le chirurgien en contraignant doucement le blessé à reprendre sa position horizontale, ne vous inquiétez pas. Je réponds de tout. Je ne risque rien en laissant cette balle dans les chairs. Elle glissera d'elle-même sur l'os, et lorsqu'avec le temps elle arrivera à la surface, on en sera quitte pour faire une légère incision. Je sais bien que la résidence d'un corps dur dans cette partie de la jambe vous gênera un peu pour marcher, mais je vous le répète, ce sera l'affaire de quelque temps, tandis qu'en voulant opérer l'extraction, je serais obligé d'entailler fortement les chairs, de vous causer des douleurs atroces, et je pourrais même apporter dans l'organisme un désordre fatal dans l'état de fatigue, d'épuisement physique et de surexcitation morale où vous êtes.

— Croyez-vous donc que j'aie peur ? » demanda Zumala-Carregui en souriant.

Le chirurgien haussa les épaules.

« Il ne s'agit pas de cela! dit-il.

— Mon cher Domingo, reprit le malade en s'adressant à l'intendant, voulez-vous prier ces messieurs de s'éloigner un peu... j'ai besoin d'air et cette chambre est encombrée... Merci, mes amis, pour votre sollicitude, continua-t-il en se tournant vers les officiers qui l'entouraient. Tout à l'heure je vous ferai appeler ; mais je sens que le repos me fera du bien. Restez, docteur.... toi aussi, mon vieux Fabian, demeure auprès de moi. »

Les officiers, l'intendant et l'auditeur en tête s'éloignèrent respectueusement.

Zumala-Carregui demeura seul avec don Vincente et Fabian Christoval.

« Don Vincente, dit-il brusquement en faisant signe au chirurgien de se rapprocher du lit, don Vincente, comme ami, je vous supplie de me répondre franchement à la demande que je vais vous faire, comme général je vous l'ordonne.

— Parlez, général, fit le docteur.

— Ma blessure est-elle mortelle ?

— Non, répondit nettement et sans hésiter don Vincente.

— Vous en êtes certain ?

— Je l'affirme sur mon honneur.

— Mais peut-elle le devenir ?

— Toutes les blessures peuvent devenir mortelles, général, même les plus légères égratignures, cela dépend de la constitution du sujet et des soins apportés.

— Quant aux soins, c'est votre affaire, docteur, et j'ai la plus grande confiance en vous ; mais comme constitution, croyez-vous que la mienne soit bonne ? Répondez nettement et franchement. Vous comprenez que je ne suis pas un malade ordinaire. Je ne m'appartiens pas, j'appartiens à la cause de Sa Majesté Charles V. Une erreur de votre part pourrait compromettre tout l'avenir du parti que nous servons. Répondez-moi donc selon votre conscience.

— Général, répondit gravement le chirurgien, il est certain que votre santé est altérée depuis plusieurs jours, et que les fatigues que vous avez subies, les contrariétés morales, les inquiétudes d'esprit auxquelles vous avez été en proie ont amené une prédisposition maladive qui affecte en ce moment votre organisation entière; mais il y a loin de cet état à celui d'une constitution mauvaise.

— Enfin, cet état peut-il avoir une influence sur la guérison plus ou moins prompte de ma blessure?

— Je ne le nié pas.

— Et cette blessure, par elle-même, n'est que grave.

— Elle n'est même pas grave.

— Elle est légère, alors?

— Oui, général.

— Quand peut-elle être fermée?

— Dans huit ou dix jours.

— Et je pourrai monter à cheval?

— Dans quinze au plus.

— Alors s'il ne se présente aucune complication, je serai guéri dans moins d'un mois?

— Parfaitement.

— Mais cette complication peut se présenter?

— Oui, mais cependant cela est tout à fait improbable.

— Enfin, j'ai contre moi une mauvaise chance?

— Contre neuf excellentes, oui, général.

— Merci, don Vincente. Maintenant je vais donner des ordres à l'exécution desquels je vous prie de ne pas chercher à vous opposer. Veuillez avoir l'obligeance de faire appeler don Juan-Antonio Zaratiegui. »

Le chirurgien s'inclina et sortit vivement.

« Après les affaires du roi, les miennes, dit Zumala en tendant la main à Fabian. Où est Fernando ?

— Près de sa mère. Du moins la nuit où il m'a quitté il se dirigeait vers Adrian.

— Vers Adrian! s'écria le général en faisant un brusque mouvement.

— Oui, senor.

— Et la date de cette nuit où il est parti ?

— C'était le 7 de ce mois, il y a huit jours.

— Le 7 de ce mois ?

— Oui, général.

— Ah! s'écria Zumala-Carregui en pressant l'une contre l'autre ses mains crispées. Je croyais que Dieu voulait m'absoudre !

— Qu'avez-vous donc? demanda Fabian effrayé de l'agitaton extrême qui s'était emparé du chef carliste.

— Ce que j'ai ? Ne sais-tu pas que cette nuit dont tu me parles, les troupes de Valdès ont brûlé Adrian et massacré tout ce qui s'y trouvait. Personne n'a échappé ! Fernando est mort !

— Général ! de grâce, calmez-vous ! dit le vieux Fabian atterré lui-même par cette nouvelle inattendue, mais alarmé plus encore par l'agitation croissante du malade.

— Fernando est mort! répéta Zumala-Carregui.

— Général...

— Fernando est mort, te dis-je ! Ah ! Dieu me punit trop, car tu le sais, Fabian, ce crime dont le remords m'a poursuivi sans cesse, n'était pas le mien... c'est la main d'un autre qui m'a conduit.. Oh! cette nuit! cette nuit fatale sera toujours présente à ma pensée !...

— Général! Prenez garde! on peut nous entendre!

— Eh! que m'importe maintenant !

— Encore une fois, calmez-vous ! Fernando aura sans doute échappé au massacre..., Peut-être même sera-t-il arrivé à Adrian après le départ des troupes royales, car il n'a dû atteindre le village qu'à l'entrée du jour, et le massacre, vous venez de le dire, a eu lieu la nuit! Puis... qui sait? Fernando n'est peut-être pas celui que vous cherchez.

— Si ce n'est pas lui, comment expliquerais-je qu'il fût porteur de ce médaillon, dont le second, tu ne l'ignores pas, ne saurait exister en Espagne? D'ailleurs, ne m'as-tu pas dit toi-même, il y a une heure à peine, que tu l'avais reconnu?

— C'est vrai, fit le vieillard en courbant la tête. J'ai vu, j'ai touché le signe ineffaçable que j'avais gravé sur son bras gauche le surlendemain de sa naissance.

— Tu vois bien, alors, que je ne saurais me tromper...

— Silence! interrompit vivement Fabian, on vient auprès de vous. »

En effet, la porte de la chambre venait de s'ouvrir et don Juan-Antonio Zaratiegui, le commandant en second de l'armée carliste, parut sur le seuil suivi du docteur.

« Don Juan, dit Zumala-Carregui, je vous laisse momentanément le commandement en chef du siége. Vous connaissez mes plans, nous les avons établis ensemble, suivez-les et servez la cause de Sa Majesté, et demain vous recevrez les ordres de Charles V.

— Quoi! s'écrièrent à la fois don Juan et don Vincente, vous partez?

— Oui.

— Mais... commença le docteur.

— Il le faut.

— Ce voyage en pleine chaleur, au milieu du jour, peut vous être funeste.

— Ce qui serait bien plus funeste pour tous, mon cher docteur, c'est que je mourusse ici sans voir Sa Majesté. N'insistez pas, il le faut. Don Juan, commandez quarante grenadiers de service. Ils se relayeront pour me porter. Allez, messieurs, il faut que dans un quart d'heure j'aie quitté cette maison. »

Don Juan et don Vincente se regardèrent en hésitant, mais cependant l'ordre du général en chef avait été donné d'une voix tellement impérative et d'un ton qui annonçait une détermination tellement arrêtée, qu'ils n'osèrent formuler une observation nouvelle.

Le chirurgien fit un geste d'impatience, et don Juan, se tournant vers la porte, appela un officier d'ordonnance auquel il avait transmis l'ordre qu'il venait de recevoir.

Quelques minutes après, quarante grenadiers, rangés sur deux lignes devant la maison de Zumala-Carregui, attendaient qu'il plût à leur chef de partir.

Le brancard fut apporté, on y plaça doucement le blessé, huit soldats enlevèrent avec précaution le double fardeau qu'ils appuyèrent sur leurs épaules, et le convoi se mit en marche.

Le vieux Fabian accompagnait le général, se tenant à droite du brancard.

Zumala-Carregui, à demi couché sur son matelas, paraissait peu souffrir.

Cependant, arrivé à Zurnosa, petit village situé à trois lieues de Bilbao, des douleurs assez vives et un commenment de fièvre forcèrent le général à faire une halte.

Au moment où l'on déposait le brancard à terre, sous les branches d'un chêne immense qui l'abritaient de leur ombre, un cavalier apparut sur la route que venait de suivre le convoi, se dirigeant à fond de train vers l'endroit où se trouvait le général.

Quelques minutes après, il était près du chêne et mettait pied à terre.

C'était don José-Maria Mendigana, le payeur de l'armée carliste.

« Que voulez-vous? que venez-vous faire? pourquoi avoir quitté l'armée? demanda vivement Zumala-Carregui.

— Général, reprit le payeur, don Juan Antonio Zaratiegui m'envoie vers vous pour vous demander ce que vous voulez prendre dans la caisse de l'armée, car votre désintéressement est tellement connu de nous tous, que nous sommes certains que pas un maravédis n'est dans votre bourse.

— C'est vrai, répondit Zumala-Carregui en souriant, je n'ai pas un cuarto : donnez-moi trente onces et retournez de suite au siége. »

Le payeur obéit et partit.

« Et maintenant, dit le général en se retournant vers Fabian, tu vas aussi me quitter. Je sens la fièvre qui me brûle, et don Vincente avait raison, la fatigue et l'inquiétude m'ont épuisé.... je veux absolument voir Fernando s'il est vivant encore, ou connaître son sort s'il a été pris ou tué par les christinos. Va, mon vieil ami, toi seul peux me rendre ce service. Tu me trouveras à Durango, au quartier royal, mais ne tarde pas.

J'ai de tristes pressentiments. »

Le vieux Fabian prit la main du général, la pressa dans les siennes, la porta ensuite à ses lèvres, puis, sans prononcer une parole, il s'éloigna.

« Pourvu qu'il revienne à temps, que je puisse voir Fernando et lui tout dire !» murmura Zumala.

Puis faisant un geste à ses soldats :

« En route! dit-il à voix haute; allons, mes enfants, que je sois ce soir auprès du roi ! »

# CHAPITRE SEPTIÈME.

## VII

*Le quartier royal.*

Le quartier général, ou, pour nous servir d'une expression plus juste, le quartier royal de l'armée carliste, puisque là se trouvait la résidence du prince prétendant à la couronne, était situé, nous l'avons dit, à Durango, petite ville de la Biscaye, placée sur la route de Vitoria à Bilbao, entre Manaria et Zomosa.

Forte d'environ trois mille habitants, bâtie sur la rive gauche du petit fleuve qui porte son nom, entourée d'une vieille muraille percée de cinq portes, et possédant quatre rues presque rectangulaires qui la divisent en quatre parties dont chacune possède une église paroissiale, Durango offre l'aspect d'une ville suisse, et la chaîne de montagnes dont on aperçoit à l'horizon la cime neigeuse, complète encore l'illusion.

Les opérations des carlistes, ayant lieu le plus fréquemment dans la Navarre, la Biscaye et le pays basque, don Carlos avait choisi Durango comme le point central de son occupation.

Le soir du jour où Zumala-Carregui avait été blessé, le prétendant, vivement préoccupé des travaux du siége entrepris, attendait avec impatience les courriers que le général en chef avait d'ordinaire l'habitude de lui envoyer chaque jour vers midi, et qui, cette fois, n'arrivaient pas.

Don Carlos, inquiet, venait de donner l'ordre de faire seller ses chevaux, et s'apprêtait à quitter la ville en compagnie de ses officiers pour s'avancer sur la route de Bilbao, lorsque le son d'un clairon retentissant au loin dans la plaine annonça l'approche d'un corps de troupes.

Toujours menacé d'une surprise par ses ennemis, le prétendant était contraint à prendre toutes les précautions possibles pour se mettre à l'abri d'un coup de main.

Des quadruples lignes de sentinelles, espacées dans la campagne autour de la ville et renforcées par une double ceinture d'avant-postes, ne permettaient pas à qui que ce fût, cavalier, piéton, chevrier, marchand, voyageur ou soldats en marche, d'apparaître à l'horizon sans être signalé par les éclaireurs.

Chaque sonnerie avait une signification particulière, et désignait soit un homme isolé, soit une troupe, soit des convois de marchands, soit des compagnies de soldats.

Cette fois, c'était une escouade qu'avait signalée la première sentinelle, et son appel, répété par les autres, était arrivé jusqu'au centre de la ville où demeurait don Carlos.

Le prétendant, enfermé dans une petite pièce destinée à servir de cabinet de travail, debout devant un bureau tout ouvert, sur les papiers épars duquel il posait sa main droite, avait fait un mouvement brusque en entendant la sonnerie retentir au loin.

« Ce sont sans doute les courriers qu'un accident quelconque aura retardés, dit-il en s'avançant vers une fenêtre ouverte.

— Votre Majesté désire-t-elle que j'envoie aux nouvelles? demanda l'un des otficiers du prétendant qui se tenaient groupés au fond de la petite pièce.

— Inutile, répondit don Carlos, nos chevaux sont prêts, nous allons pousser nous-mêmes une reconnaissance.

Et d'un geste invitant les assistants à le suivre, il quitta le cabinet, traversa une salle plus vaste servant de salon de réception, et descendit l'escalier conduisant à la porte de sortie.

Des valets aux livrées royales, mais aux livrées salies, délabrées, en lambeaux, maintenaient par la bride huit à dix chevaux de pur sang andalous.

Don Carlos s'élança sur l'un d'eux. Ses officiers l'imitèrent.

Le prétendant s'appuya sur ses étriers et, rendant la main, s'apprêtait à partir, lorsque le galop d'un cheval retentit à peu de distance et, presque au même instant, un cavalier couvert de poussière et poussant vigoureusement un cheval blanc d'écume apparut à l'angle d'une rue voisine, se dirigeant vers la résidence royale.

En quelques secondes il fut en présence du prince.

« Quoi! c'est vous, Zabala? s'écria don Carlos en reconnaissant l'intendant de l'armée carliste. Pourquoi avez-vous quitté le siége? Quelle nouvelle m'apportez-vous donc?

— Une mauvaise, sire, répondit le cavalier en mettant respectueusement pied à terre, et telle qu'un fidèle serviteur, comme je le suis de Votre Majesté, ne voudrait jamais apporter à son souverain. »

Don Carlos devint très-pâle.

« Mon armée serait-elle en fuite? demanda-t-il en baissant la voix.

— Non, sire ! Grâce à Dieu, vos soldats tiennent ferme devant l'ennemi.

— Aurait-on été contraint de lever le

siége de Bilbao? Cela serait fâcheux, mais non désespérant.

— Non, sire. Le siége se continue.

— La ville a reçu des renforts?

— Aucun, sire.

— Mais alors, de quoi s'agit-il donc?

— Il s'agit de votre meilleur général, sire.

— De Zúmala-Carregui! fit le prince.

— Oui, sire.

— Eh bien! que lui est-il arrivé? Parlez vite, Zabala!

— Sire, il a été blessé.

— Blessé ? Quand cela ?

— Ce matin.

— Mortellement?

— Je ne le crois pas. Du moins le chirurgien don Vincente l'affirme, mais la blessure peut avoir les plus graves conséquences.

— Zumala blessé! répéta le prétendant avec une émotion qui prouvait en faveur du cœur de l'homme. C'est un grand malheur, messieurs, mais espérons que Dieu permettra qu'il guérisse. Je vais le voir. Messieurs, à Bilbao ! »

Et avec un geste royal le prince invita ses officiers à le suivre, mais Zabala étendit la main vers lui :

« Dans quelques minutes Zumala-Carregui sera auprès de Votre Majesté, dit-il.

— Comment, il s'est mis en route?

— Oui, sire. Le général a voulu absolument se faire porter jusqu'à Durango. Il a remis en partant le commandement provisoire à don Juan Antonio Zaratiegui, et il a demandé quarante grenadiers pour le conduire à bras près de Votre Majesté. Il avait défendu à aucun de nous de l'accompagner; mais don Juan aussitôt après le départ du général, m'a ordonné de le suivre à distance, afin de veiller sur lui sans qu'il le sût. Ce n'est qu'arrivé en vue de cette ville que je me suis présenté aux yeux du général, qui m'a commandé alors de le devancer auprès de Votre Majesté.

— Ainsi ceux que l'on vient de me signaler sont les grenadiers qui le transportent?

— Oui, sire.

— Messieurs, fit don Carlos en se retournant vers son escorte, que l'un de vous coure immédiatement auprès du chirurgien don Teodoro Gelos, qu'un autre aille quérir le médecin Burgers ; que ces deux docteurs soient ici dans dix minutes ; que l'on prépare un lit, le meilleur possible, dût-on prendre le mien ; que tout ce que nous possédons, en un mot, soit au service de mon plus dévoué sujet, de mon plus fidèle ami. A cheval, Zabala ! Allons au-devant de notre cher blessé. »

. . . . . . . . . . . . . . . .

Toujours porté par ses grenadiers, le général en chef de l'armée carliste avait péniblement supporté sa route durant les heures brûlantes de la journée ; mais à l'approche de la nuit, au moment où le soleil disparaissait à l'horizon, la brise rafraîchissante, soufflant de la mer, vint soulager le blessé en le caressant de son haleine bienfaisante.

Zumala-Carregui sentit alors le désir de fumer, et, allumant une cigarette au *papelito* de l'un de ses soldats, il se mit à causer avec les grenadiers.

Ce fut à peu près à ce moment que Zabala apparut à ses yeux, et qu'après avoir expliqué sa présence, il reçut l'ordre d'aller prévenir don Carlos.

Puis le petit convoi continua à s'avancer, répondant à l'appel des sentinelles, et entra bientôt dans le cercle formé par les avant-postes carlistes.

Soldats et officiers accouraient auprès du chef blessé avec un empressement qui témoignait assez du renom acquis par Zumala-Carregui dans l'armée du prétendant.

Témoignages de tendresse, d'estime, de respect, de douleurs et de crainte accompagnaient le général sur son passage; mais, par un effet moral difficile à expliquer, plus Zumala-Carregui recevait des preuves de dévouement et d'affection, plus son front s'assombrissait et plus ses pensées devenaient tristes.

Peu à peu cette mélancolie profonde, à laquelle l'âme était en proie, fit sentir au corps sa funeste influence.

La fièvre qui avait déjà pris Zumala en arrivant à Zornosa et qui l'avait abandonné aux approches de Durango, fouetta tout à coup le sang dans les artères du blessé, au point que l'odeur du tabac, ce baromètre infaillible de la santé de tous les fumeurs, ne tarda pas à lui devenir insoutenable, et qu'il rejeta sa cigarette.

Etendu sur son lit portatif, la tête penchée sur la poitrine, le regard fixe et le front empourpré, il ne répondait plus aux saluts qui lui étaient adressés sur son passage.

Il pensait que tous ces braves gens qui l'entouraient étaient voués à une mort certaine, et peut-être même qu'alors le souvenir des cruautés commises par ses ordres ou en son nom apportait le remords dans son esprit.

Ce fut dans cette situation morale que le trouva don Carlos en l'abordant.

Aussi, aux reproches affectueux que lui fit tout d'abord le prince de s'être trop exposé, secoua-t-il tristement sa tête intelligente.

« Si je ne m'exposais pas constamment, sire, dit-il, rien ne pourrait avancer. Je ne m'étonne que d'une chose, c'est d'avoir vécu si longtemps; car, dans cette guerre dévorante et inégale, tous ceux qui l'ont commencée, doivent nécessairement périr.

— Vous ne pensez pas ce que vous dites, répondit vivement don Carlos, et si vous le pensez, vous avez tort de le dire.

— Que voulez-vous, sire, à l'heure à laquelle je suis arrivé, on ne songe plus à flatter, et l'on voit juste.

— Mais de quelle heure voulez-vous parler, général?

— De celle qui précède la mort, sire (1).

— Cette heure-là est loin encore de sonner pour vous, mon cher Zumala. Votre blessure est légère, heureusement, et bientôt, j'en suis sûr, vous pourrez vous remettre à la tête de mes troupes et faire triompher une cause dont vous êtes le meilleur et le plus solide champion. Mes chirurgiens vont vous prodi-

---

(1) Inutile de dire que tout ce qui a rapport à Zumala-Carregui est de la plus grande exactitude.

guer les secours de leur science, et ils me répondront de votre précieuse existence. L'un est don Teodoro Gelos, que vous connaissez ; l'autre est le docteur Burgers, jeune volontaire anglais, attaché à l'escadron des officiers de ma personne La réunion de leurs lumières avancera sans nul doute votre guérison prochaine.

— Dieu le veuille, sire, car je crois que Votre Majesté a encore besoin de mes services. »

Et après cette réponse qui, dans la

bouche de tout autre, eût pu paraître présomptueuse, mais dont le prince comprenait la pénible portée, les grenadiers reprirent leur fardeau et s'engagèrent dans les rues de la ville.

Don Carlos prit une des mains du blessé et continua à marcher près de lui dans cette amicale attitude.

La blessure du général en chef, qui le contraignait momentanément à abandonner les opérations du siége sur lequel comptait tout le parti légitimiste, était un véritable désastre pour les partisans de don Carlos ; aussi la nouvelle fatale se propageant rapidement dans la ville, porta-t-elle partout la consternation et la stupeur.

---

#### Petriquillo le guérisseur.

A peine installé dans une maison voisine de celle du prince, Zumala-Carregui fut remis entre les mains des médecins.

Ceux-ci procédèrent à la visite de la blessure, et leur avis fut exactement semblable à celui qu'avait donné don Vincente Gonzalès de Gradiaga.

« Dans quinze jours, dirent-ils, le général pourra remonter à cheval, s'il ne survient pas de complications.»

Rassuré par ces paroles, don Carlos se retira et laissa reposer le général; mais la fièvre avait fait des progrès tels, que le repos était à peu près impossible, en dépit de l'affirmation des deux médecins.

Durant une heure environ, Zumala Carregui fut en proie à une sorte de délire causé probablement par la fatigue et la chaleur de la route.

Les deux chirurgiens, rappelés en toute hâte, essayèrent vainement de combattre cette surexcitation du sang et des nerfs.

Le général voulait par moment quitter la ville et retourner au siége, puis il voulait au contraire pénétrer plus avant dans le pays.

A chaque minute le nom de Fabian revenait sur ses lèvres, et à ce nom se joignaient celui de Fernando et un autre ; mais ce dernier était toujours prononcé si bas et avec un tel accent de colère et de rage, qu'il était impossible de le saisir.

Enfin le calme, loin de revenir, paraissait être plus éloigné que jamais, lorsque l'un des grenadiers qui avaient transporté le général entra brusquement dans la chambre, et vint lui annoncer que l'homme qui l'avait accompagné le matin de Bilbao à Zornosa, et qui l'avait quitté près de ce village, venait d'entrer à Durango en compagnie d'un second personnage, et qu'il faisait annoncer sa présence au général.

« Fabian Christoval ! s'écria Zumala-Carregui en se dressant sur sa couche malgré ses souffrances.

— Oui, général, c'est là le nom qu'il a dit, répondit le grenadier.

— Et il n'est pas seul.

— Non, général, un homme l'accompagne.

— Qu'ils entrent tous les deux, je l'ordonne ! » fit Zumala-Carregui d'une voix brève.

Puis, tandis que le soldat se hâtait de sortir, le général murmura le nom de Fernando.

Presque aussitôt le vieux Fabian apparut sur le seuil de la porte. Derrière lui, on voyait dans l'ombre un homme de cinquante ans environ, grave et sombre comme la statue de la Fatalité.

« Ce n'est pas lui ! » murmura Zumala qui, l'œil ardent, se penchait en avant dans la direction de la porte.

Puis, s'adressant à Fabian sans lui laisser le temps de prendre la parole :

« Pourquoi m'as-tu désobéi ? dit-il d'une voix saccadée. Pourquoi es-tu revenu seul ? N'ai-je donc plus d'amis et me croit-on si près de la mort, que l'on ne daigne plus m'obéir.

— Général, essaya de dire le vieillard.

— Que veux-tu? que viens-tu faire? interrompit Zumala.

— Je vous amène un sauveur, répondit Fabian.

— Un sauveur? répéta le général.

— Oui, continua Fabian en désignant de la main le personnage qui le suivait. Celui que je vous amène vous guérira et vous donnera des jours longs et prospères. Ce n'est point un docteur des villes, c'est un savant des montagnes auquel aucun secret de la nature n'est inconnu, c'est le *guérisseur* de la Biscaye, c'est Pétriquillo enfin, qui a fermé plus de blessures que les mains des christinos n'en ont faites. »

Et s'approchant vivement du lit sur lequel était couché le général, il ajouta rapidement et à voix basse :

« Dans trois heures, je serai près de Fernando. »

Zumala-Carregui tressaillit.

« Il est donc près d'ici, demanda-t-il.

— Il fait partie des soldats de Merino et de Cuevillas, qui s'avancent à cette heure vers Bilbao. J'ai rencontré les guerilleros chargés d'éclairer la route à quelques milles de Zornosa, ce matin, après vous avoir quitté. Les deux guerillas réunies camperont cette nuit à Cegama, qui n'est distante de Durango que de cinq lieues, vous le savez. Les guérilleros m'ont appris que Fernando, qu'ils savent être l'un de vos aides de camp, n'avait pas quitté Cuevillas depuis les montagnes de la Castille-Vieille. Alors, renseigné sur ce point et certain d'accomplir ma mission, j'ai été chercher celui que je vous amène et qui vous guérira plus vite et mieux que tous les médecins des universités d'Espagne.

— Mais, Fernando ?

— Je vous répète, général, qu'il est à

Cegama, et que dans trois heures je serai près de lui.

— J'y serai aussi.

— Vous, général?

— Oui.

— Comment?

— Je vais partir!

— Partir! mais vous n'y songez pas?

— Si fait, je le veux. D'ailleurs, l'inaction dans laquelle je suis est impossible. Je veux voir Fernando, je veux partir!

— Vous le verrez demain.

— Qui sait si demain il ne sera pas trop tard.

— Mais général....

— Je le veux! »

Fabian interrogea des yeux Petriquillo, lequel, immobile et muet depuis son entrée dans la chambre, examinait attentivement le général.

Celui-ci surprit ce regard et en comprit l'intention.

« Fabian, dit-il vivement, je ne consentirai à consulter cet homme qu'une fois arrivé à Cegama. Encore une fois, je veux partir ! Que l'on commande mes grenadiers !

— Partir ! répéta une voix s'élevant à l'extrémité opposée de la pièce, Quoi ! vous voulez partir, général ? »

Et don Carlos, qui venait de pénétrer dans la maison, s'avança vers le lit.

« Oui, sire, je veux partir sur l'heure ! répondit nettement le blessé.

— Partir dans l'état où vous êtes,

cela est imposible, et je n'y consentirai pas.

— Sire, il le faut.

— Mais le manque de repos, la chaleur, la fatigue peuvent retarder votre guérison. D'ailleurs, le siége peut traîner un peu en longueur. Je sais de bonne source qu'aucun renfort ne sera envoyé à la ville avant quinze jours d'ici, et don Juan se renfermera dans le cercle d'opérations que vous avez tracé vous-même.

— Je ne vais pas à Bilbao, sire.

— Ah ! fit don Carlos avec étonnement. Et où donc voulez-vous aller?

— A Cegama.

— Mais notre cause n'a aucun intérêt à ce voyage.

— Aussi ne s'agit-il pas de votre cause, sire, mais de la mienne.

— Ah ! il s'agit de vous, général ! alors c'est différent, fit le prétendant avec ce sentiment d'ingratitude dont on a fait à tort l'unique partage des princes, et qui, malheureusement, appartient à toute nature humaine.

— Pardonnez-moi, sire, dit Zumala-Carregui qui comprenait admirablement ce qui se passait dans l'âme de son royal interlocuteur, pardonnez-moi, mais depuis deux ans bientôt toutes mes minutes ont été consacrées au service de Votre Majesté, et je vous supplie de m'accorder quelques heures de liberté absolue.

— Puisqu'il en est ainsi, général, je

ne saurais plus longtemps m'opposer à votre désir. Le prince vous accorde toute permission à cet égard : c'est l'ami seul qui insiste pour que vous restiez près de lui.

— J'accepte la permission accordée par le roi, et je remercie l'ami du plus profond de mon cœur, répondit le général avec émotion; mais à l'un et à l'autre je répéterai que ce départ est nécessaire et qu'il faut, pour mon repos même, que je sois cette nuit à Cegama. »

Don Carlos tendit sa main au malade.

« Je vais vous envoyer le major général de ma maison, dit-il avec une simplicité pleine de noblesse ; vous lui donnerez vos ordres, et ces ordres seront accomplis sans discussion. Je ne mets qu'une condition unique à votre départ, c'est que Gelos et Burgers, mes meilleurs chirurgiens, vous accompagneront partout où il vous plaira d'aller, jusqu'à ce que votre blessure soit guérie. Ils me répondent tous deux, sur leur tête, de votre existence qui m'est si précieuse à tant de titres. »

Zumala-Carregui se pencha sur la main qu'il avait saisie, et la baisa respectueusement.

Puis don Carlos retira doucement ses doigts pressés dans ceux du malade, et, faisant un geste amical au général en chef, il sortit de l'appartement.

« Mes grenadiers? commanda Zumala-Carregui.

— Ils vont être prêts, » répondit

Fabian en s'élançant hors de la chambre.

Zumala-Carregui demeura seul avec Petriquillo, le singulier personnage amené par le vieillard.

Petriquillo n'avait pas quitté de l'œil le blessé un seul instant : il n'avait manifesté ni aucun étonnement en se trouvant en présence de don Carlos, ni la moindre émotion en songeant qu'il allait avoir à prodiguer ses soins au général en chef de l'armée carliste, à l'adversaire heureux des Mina et des Valdès, à celui qui avait fait trembler bien souvent au fond de son palais de Madrid la veuve de Ferdinand VII, la reine régente d'Espagne.

Au reste, c'était un homme réellement étrange que ce Petriquillo, dont la réputation était alors répandue dans toutes les provinces du nord de la Péninsule.

Ancien chevrier, tour à tour diseur de bonne aventure et chasseur intrépide, vivant de rien, parlant peu, observant beaucoup et admirateur passionné des produits herbacés des montagnes, il avait conquis peu à peu, aux yeux des paysans de la Biscaye, le prestige que possèdent en Bretagne les bergers sorciers, jeteurs de sort et dénicheurs de trésors.

Son instinct naturel l'avait toujours poussé vers les sciences médicales et pharmaceutiques, pour lesquelles il montrait une prédisposition et une intelligence extraordinaires.

Opérant d'abord sur les animaux, puis appliquant ensuite le savoir acquis dans ses études des plantes sur les habitants des villages que l'absence de tout médecin mettait dans la nécessité de se soigner eux-mêmes ou de s'abandonner aux mains des empiriques de passage et des gitanas, il avait obtenu des succès réellement merveilleux.

Probablement le hasard avait-il secondé le prétendu docteur, mais il n'en fut pas moins incontestable que la guérison suivit de près ses prescriptions.

Bientôt le bruit se répandit à quelques lieues à la ronde qu'un médecin, béni de Dieu et sans doute envoyé par lui, s'était révélé dans le canton.

Quelques-uns remplaçaient le génie du bien par le génie du mal, et mettaient le diable là où les autres voulaient voir Dieu, mais dans une contrée aussi superstitieuse que celle qu'il habitait, ces dernières suppositions devaient plutôt augmenter la réputation de Petriquillo que lui nuire.

Posé aux yeux de tous comme une sorte d'illuminé, le *guérisseur* finit par se croire lui-même un être surnaturel, et, ajoutant à sa science véritable les pratiques mystérieuses et bizarres particulières à ses semblables, il mêla désormais dans ses traitements les formules cabalistiques aux préceptes sensés de l'art médical, de sorte que, de cette manière d'agir, qu'il employait avec la gravité d'un brahmine, résulta pour lui cet immense avantage d'inspirer une confiance aveugle et fatale à ceux qui lui demandaient le secours de ses soins.

Aussi l'aplomb ne faisait-il pas faute à ce singulier praticien, et ridiculisé par les médecins, les avait-il en profonde horreur.

Lorsque Fabian Christoval l'avait rencontré après avoir quitté Zumala-Carregui, et lui avait annoncé la blessure reçue par le général en le priant de venir le guérir. Petriquillo s'était contenté de faire un simple mouvement de tête en signe d'assentiment et avait suivi le montagnard.

Depuis son entrée dans la maison occupée par le malade, il n'avait pas ouvert la bouche et il avait paru attendre en silence ; mais dès qu'il se vit seul avec Zumala-Carregui, il marcha délibérément vers le lit, et posant sa main droite sur le bord de la couverture :

« Général, dit-il, vos grenadiers ne seront prêts que dans dix minutes, j'ai le temps d'examiner votre blessure, laissez-moi faire, je vous promets la vérité. »

Et sans attendre la réponse, d'un geste hardi il découvrit le lit. Zumala-Carregui ne chercha pas à s'opposer à cette action de l'étrange médecin.

Petriquillo détacha les bandages, mit à nu la plaie et, se penchant sur elle, l'examina avec une attention profonde.

Puis, se redressant, il haussa les épaules.

« Vous n'approuvez pas le pansement? demanda le général, qui subissait déjà le charme magnétique que dégageait l'approche de cet homme à la prunelle fauve, aux regards flamboyants et sombres, aux gestes libres et impérieux.

— Si je n'étais venu, dans quatre jours il eût fallu vous couper la jambe et vous eussiez succombé après l'opération, répondit froidement Petriquillo.

— Mais vous êtes venu, répondit Zumala-Carregui d'une voix railleuse, car il prenait les paroles du *guérisseur* pour une forfanterie ridicule déstinée à lui imposer.

— Oui, je suis venu, dit le sombre docteur.

— Alors, vous me guérirez, vous?

— Peut-être.

— Ah! vous n'êtes pas certain ?

— Non.

— Alors votre science n'est pas infaillible?

— Aucune science ne l'est.

— Mais tenterez-vous au moins de me rendre la santé?

— Je le tenterai pour deux raisons.

— Lesquelles?

— La première, c'est que j'ai reçu de Dieu la mission de soulager ses créatures....

— La seconde? demanda Zumala en

jetant un regard dédaigneux à son interlocuteur.

— La seconde, poursuivit celui-ci avec un calme parfait, c'est que je connais, non seulement le traitement physique qui vous convient, mais encore le traitement moral qu'il vous faut. »

Et Petriquillo sans ajouter un mot pour donner l'explication que paraissait attendre le blessé, se retourna et traversant la chambre dans sa largeur vint prendre sur un siége placé près de la porte une petite boîte en fer battu qu'il y avait déposée en entrant.

Cette boîte, qu'il ouvrit, contenait une pâte à demi liquide, d'une teinte verdâtre et provenant évidemment d'herbes hachées très-menues et pilées ensuite.

Tirant un couteau de sa ceinture, il revint près du général, trancha sans plus de façon un morceau du drap et versant sur la toile étendue dans sa main gauche une partie du contenu de la boîte, il s'apprêta à confectionner une emplâtre.

« Qu'allez-vous faire? demanda Zumala-Carregui en arrêtant le médecin au moment où celui-ci se disposait à appliquer la toile sur la chair vive.

— Vous guérir, répondit simplement Petriquillo.

— Prenez garde! on ne traite pas un général en chef comme un simple paysan.

— Cependant tous deux sont hommes!

— Oui, mais l'un s'appartient à lui-même et l'autre appartient à ses soldats.

— Tous deux appartiennent à Dieu!

— Enfin, dit le général avec impatience, le roi a placé près de moi deux chirurgiens. Je désire que vous les consultiez avant d'agir.

— Ah! fit Petriquillo avec une moue dédaigneuse, vous manquez de confiance?

— C'est possible, répondit brusquement le général.

— Alors avant de traiter le corps, il faut traiter l'âme; ensuite vous croirez, général! J'ai l'habitude avant de chercher à guérir une blessure de l'examiner avec un soin extrême. Quitte à faire souffrir le malade, je sonde brusquement la partie attaquée. J'agirai pour l'esprit comme pour la matière.

— Eh bien! fit Zumala, qu'avez-vous à me dire?

— Que vous avez dans le cœur une plaie plus profonde que celle que les christinos vous ont faite à la jambe, dit Petriquillo avec le plus grand sang-froid et en plongeant son regard dans les yeux du général. Cette plaie toujours vive et inguérissable, c'est le souvenir de ce qui se passa à Saragosse dans la nuit du 16 février 1809. Ai-je dit la vérité ? »

Zumala-Carregui se dressa sur son séant.

« Qui t'a appris ce secret ? s'écria-t-il

d'une voix rauque en se cramponnant aux bras du docteur.

— Que vous importe!

— Parle! je veux le savoir, je l'ordonne!

— Je ne suis pas l'un de vos soldats, général, répondit le guérisseur en secouant la tête. Je parlerai plus tard quand il me plaira et quand le temps sera venu. Je n'ai pas réveillé ce souvenir pour vous torturer, mais bien pour vous donner confiance, seulement en rouvrant la plaie j'apporte toujours avec moi le baume qui doit apaiser la douleur. Celui que vous cherchez est celui pour lequel vous voulez aller à Cegama! »

Zumala-Carregui fit encore un geste et ses yeux se fixèrent plus anxieux sur Petriquillo qui, plus impassible que jamais, tenait toujours à la main son onguent étendu sur le morceau de toile.

« Avez-vous confiance ? demanda-t-il lentement.

— Oui, » répondit le général.

Petriquillo appliqua alors l'emplâtre sur la plaie et l'y fixa lestement et délicatement à l'aide de bandes roulées qu'il avait enlevées avec le premier appareil.

Puis se penchant vers l'oreille du blessé :

« Vous guérirez, dit-il à voix basse, et votre fils vous pardonnera ! »

Zumala poussa un cri que le docteur étouffa en posant sa main ouverte sur la bouche du malade.

Au même instant un grenadier entra précédé par le major général envoyé par don Carlos et suivi du vieux Fabian.

« L'escorte est prête, dit le major en s'inclinant.

— Le général peut partir, » répondit Petriquillo.

Et il sortit sans jeter un regard sur Zumala-Carregui qui était retombé épuisé sur sa couche.

# CHAPITRE HUITIÈME.

# VIII

### Cegama.

Ainsi que l'avait dit Fabian Christoval à Zumala-Carregui, une partie de la guerilla de Merino et de celle de Cuevillas, envoyée au secours de l'armée carliste, avait atteint Cegama où les partisans avaient établi leur campement, ne devant se remettre en marche que le lendemain matin afin d'atteindre le soir même Bilbao.

Fernando, Andrès et Mochuelo avaient trouvé asile dans une humble maisonnette que le propriétaire, dévoué sujet du prétendant, avait mise avec empressement à leur disposition.

Les deux jeunes gens étaient sombres et sérieux comme des statues de bronze.

Depuis le jour où nous les avons quittés dans les gorges de Somo Sierra, depuis le moment où ils avaient vu disparaître la malheureuse Inès précipitée dans le gouffre par le colonel Ramero, la douleur qui absorbait leur esprit à tout deux avait encore, on le comprend, augmenté de force et d'intensité.

Ce désespoir muet offrait quelque chose de plus terrible qu'une expansion déchirante. On devinait que la colère, la rage, le chagrin, le désir de la vengeance avaient pétrifié dans la poitrine qui le contenait chacun de ces cœurs jeunes encore et qu'auraient peut-être pu faire battre de généreux sentiments.

Le meurtre de son père, celui de sa mère, celui de sa jeune sœur étaient en tous lieux et en tous instants présents à l'esprit de l'ancien étudiant de Salamanque, et sans cesse aussi le nom, le même nom revenait sur ses lèvres et ce nom était celui des deux frères qui avaient fait Fernando orphelin et délaissé sur la terre.

Fernando et Andrès avaient suivi Cuevillas, plutôt entraînés par leurs compagnons qu'obéissant à leur propre volonté, et Mochuelo les avait suivis à son tour, comme il avait l'habitude de suivre l'aide de camp de son général.

Andrès, lui aussi, sentait son cœur se briser au souvenir de la femme qu'il avait tant aimée, et le même nom que prononçait Fernando s'échappait de sa bouche crispée avec la même expression de haine et de menace.

Cette nuit durant laquelle nous les retrouvons tous trois, cette nuit qui avait suivi le jour au matin duquel Zumala-Carregui avait été blessé devant Bilbao, les deux amis, les deux frères en malheur, veillaient encore en dépit de l'heure avancée et des fatigues de la route.

Assis tous deux au fond du petit jardin de leur hôte, le front penché, le corps affaissé sur lui-même, la carabine placée entre les jambes, ils paraissaient plongés dans un océan de douloureuses réflexions dont aucun bruit autour d'eux ne venait les distraire.

Mochuelo, accroupi plus loin au pied d'un chêne, dormait le dos appuyé au tronc noueux de l'arbre, ses armes posées à terre à portée de sa main.

Depuis près de deux heures aucun des trois n'avait fait un mouvement, aucun des trois n'avait prononcé une parole.

La lune resplendissante, courant sur le fond clair d'un ciel tout parsemé d'étoiles, éclairait de ses feux argentés ce tableau auquel les ombres des grands arbres donnaient un aspect lugubre.

On eût dit que ces trois hommes étaient morts, tant leur immobilité était grande.

Tout à coup cependant, le silence profond qui régnait autour d'eux fut troublé par un bruit lointain d'abord, qui, se rapprochant subitement, ressembla au mugissement des flots. C'était la grande voix de la foule, c'était le murmure d'une émotion populaire, qui évidemment troublait la paix de la nature à l'heure où le sommeil était pour tous un besoin et une nécessité.

A l'instant, Mochuelo fut sur pied.

« Faut-il aller aux nouvelles? » demanda-t-il.

Fernando fit un signe affirmatif.

Les deux jeunes gens, étrangers à tout

ce qui pouvait se passer, n'échangèrent même pas un regard.

Mochuelo quitta le jardin et y rentra quelques minutes après.

« Qu'est-ce ? demanda Fernando.

— L'arrivée du général, répondit le soldat.

— De Zumala-Carregui ?

— Oui.

— L'armée est-elle donc en route ?

— Non. Le général est presque seul et blessé.

— Zumala-Carregui est blessé? répéta l'étudiant.

— Oui, senor. Il a été blessé ce matin devant Bilbao, et il s'est fait conduire ici cette nuit. »

Comme Mochuelo achevait ces paroles, des coups violents frappés à la porte de la maison retentirent à l'extérieur.

Le soldat courut ouvrir. Fabian était sur le seuil.

« Toi? fit Mochuelo avec étonnement.

— Oui, répondit le vieillard. Fernando est ici ?

— Oui.

— Conduis-moi sur l'heure.

— Qu'y a-t-il donc ?

— Conduis-moi vers Fernando. »

Les deux hommes gagnèrent le jardin.

« Senor, dit le vieillard lorsqu'il fut en présence de l'ex-étudiant de Salamanque, le général vous prie de vous rendre auprès de lui sans perdre un instant.

— Que me veut-il? demanda Fernando avec indifférence.

— Je l'ignore. J'ai mission de venir vous chercher et de vous ramener avec moi, voilà tout. »

Fernando se leva lentement.

« C'est bien, dit-il, je vous suis.

— Faut-il t'attendre? fit Andrès en s'adressant à son ami.

— Sans doute. Puisque Zumala-Carregui est ici, je lui dirai sur l'heure ce que je voulais aller lui dire à Bilbao.

— Ainsi, tu es décidé? Tu quittes l'armée?

— Oui! Avant de servir la cause du prétendant, je me dois à la mienne. Je n'ai pas le droit de prodiguer le sang qui coule dans mes veines, car ce sang tout entier appartient à la vengeance, tu le sais. »

Andrès lui serra la main.

« Va, dit-il. Tu me trouveras ici. »

Fernando fit signe à Fabian qu'il était prêt à le suivre. Tous deux traversèrent le jardin, gagnèrent la porte de la rue et quittèrent la demeure du carliste.

Quelques minutes après, ils pénétraient dans la maison où l'on avait installé le général blessé.

Fabian introduisit le jeune homme dans la chambre de Zumala-Carregui, s'assura que personne ne se trouvait dans les pièces attenant à cette chambre, et revint près du malade.

Celui-ci, la physionomie très-animée, semblait en proie à une émotion des plus vives. Son regard ne quittait pas le visage de son aide de camp, et ce regard fixe, anxieux, scrutateur, décelait tout le trouble que ressentait son âme.

Fernando, debout et le front toujours chargé, attendait en silence qu'il plût au général de lui adresser la parole.

Zumala-Carregui étendit le bras vers le jeune homme; celui-ci s'approcha respectueusement et toucha la main qui lui était offerte, mais le général, le saisissant vivement, l'attira à lui.

Fernando, soit par cause de la chaleur excessive qu'il avait fait dans la journée, soit par suite du dénûment presque absolu dans lequel il se trouvait, ainsi que tous les soldats de l'armée du prétendant, Fernando ne portait pour tous vêtements qu'un large pantalon de velours noir et une chemise de grosse toile aux manches ouvertes.

Zumala-Carregui avait pris le poignet

gauche de son aide de camp, et, avant que Fernando eût eu le temps de s'opposer au mouvement qu'il allait faire, ou même de le deviner, il avait rapidement relevé la manche de la chemise et mis à découvert la partie haute du bras.

Au-dessus de l'articulation, à l'endroit où les muscles saillissent avec force, apparut alors aux yeux du général ce signe indélébile qui avait frappé Fabian Christoval quelques jours auparavant.

Zumala-Carregui demeura un moment

l'œil rivé à cette espèce de tatouage, puis, laissant retomber le bras qu'il tenait :

« Va, dit-il au vieux Fabian, c'est lui, je ne doute plus. Laisse-nous seuls maintenant et veille à ce que qui que ce soit ne vienne nous interrompre. »

Et se tournant vers Fernando :

« Asseyez-vous, continua-t-il avec une expression de tendresse et de douceur ineffables, asseyez-vous, mon fils. Il faut que vous écoutiez la révélation d'un secret qui pèse sur ma vie comme un remords vengeur. Venez près de moi et ne soyez pas plus impitoyable que le Dieu de miséricorde qui nous voit tous deux à cette heure. »

Le jeune homme, surpris, sembla secouer un peu la torpeur dans laquelle il était plongé, et, s'approchant du lit du blessé, il se laissa tomber sur une siége, tandis que le vieux Fabian, après avoir échangé un regard expressif avec le général, quittait la chambre, dont il referma soigneusement la porte.

## CHAPITRE NEUVIÈME.

# IX

### Les médecins.

Un grenadier veillait dans la pièce voisine; le vieillard lui donna l'ordre, au nom du général en chef, d'empêcher de pénétrer dans l'autre chambre jusqu'à ce que cette consigne eût été levée par Zumala-Carregui en personne.

Puis, Fabian descendit au rez-de-chaussée de la maison, lequel rez-de-chaussée, composé d'un seul et immense salon, faisait fonction alors et à la fois de corps de garde et de salle d'attente.

Au moment où le montagnard y pénétrait, il rencontra Petriquillo, le guérisseur, qui en franchissait le seuil extérieur.

« Eh bien, lui demanda Fabian, le général guérira-t-il promptement?

— Oui, si on me laisse faire, répondit le singulier médecin; non, si l'on écoute ces messieurs. »

Du geste il désigna un groupe composé de quatre hommes fort occupés à causer au fond de la vaste salle.

Ces quatre hommes étaient: l'un, don Teodoro Gelos; l'autre, Burgers, les deux chirurgiens attachés par don Carlos à la personne de Zumala-Carregui, le troisième se nommait le docteur Boloquiz et appartenait à la ville de Cegama, et le quatrième n'était autre que don Vincente-Gonzalès de Grediaga, lequel, expédié en toute hâte par don Juan Zaratiegui, n'avait pu rejoindre le blessé que quelques minutes après son arrivée à Cegama.

Par l'un de ces enchaînements fatals de circonstances qui entraînent toujours les grandes catastrophes, ces quatre praticiens, rivaux entre eux de science et de renommée, se détestaient mutuellement, et aucun d'eux n'eût été disposé à se ranger d'un avis émis par l'un de ses confrères.

Mais en ce moment la haine et l'envie qu'ils se portaient avaient fait place à un autre sentiment, et, quitte à se déchirer plus tard entre eux à belles et longues dents, ils s'étaient réunis pour combattre ensemble l'ennemi commun.

Or, cet ennemi commun n'était autre, on le devine, que le guérisseur Petriquillo, sur lequel les épithètes injurieuses d'empirique, de charlatan, de gitano, d'imposteur, de stupide et d'ignorant pleuvaient avec l'intensité d'un grêle d'hiver.

Interrogé par eux avec une hauteur et un dédain insultant sur les moyens qu'il prétendait employer pour guérir le général, Pétriquillo avait refusé de répondre, et, se drapant dans sa dignité, s'était contenté d'affirmer qu'il répondait de la vie du blessé; mais, comme bien on le pense, cette affirmation, tant soit peu empreinte d'amour-propre, avait été loin de satisfaire les docteurs, et élevant davantage le ton, pressant Petriquillo de questions réitérées, ils s'étaient vus bientôt abandonnés avec un haussement d'épaules des plus significatifs.

Ainsi que l'a écrit don Juan-Antonio Zaratiegui, le général carliste, aux mémoires duquel nous empruntons les principaux détails historiques concernant la vie de Zumala-Carregui, il est impossible, dans une circonstance aussi délicate, de dire sur qui doit reposer la responsabilité de l'événement, mais toujours est-il que dès sa première entrevue avec les médecins, Petriquillo se vit menacé d'expulsion, et que, demeurant près du général en dépit de la haine manifestée par ses collègues en l'art de guérir, il s'opéra entre eux une scission complète dont le résultat fut une différence funeste dans les traitements appliqués.

Cependant tous furent d'accord sur un seul point : c'était que la blessure était légère et que quinze jours, trente au plus, devaient suffire pour la guérison.

Pourquoi donc la catastrophe a-t-elle si cruellement démenti leur pronostic.

Il y a certainement là un mystère demeuré jusqu'ici impénétrable et que nous essayerons, nous, de pénétrer, car le devoir du romancier qui écrit l'histoire est d'aller plus loin encore que l'historien lui-même. La mission de l'un est de constater les événements, la mission de l'autre est d'en rechercher soigneusement les causes et d'étudier ces causes afin d'en saisir et d'en démontrer le côté resté pour tous dans l'ombre et dans l'oubli.

Après le départ de Petriquillo, les chirurgiens insistèrent vivement pour être introduits auprès du blessé, et sur le refus formel de la sentinelle de laisser franchir le seuil de la porte du général, ils s'installèrent dans la pièce voisine, celle où se trouvait le grenadier, et pérorant, discutant, raisonnant, disputant souvent, ils prirent la résolution d'attendre.

L'attente fut longue.

Trois heures après que Fernando, amené par Fabian, s'était assis au chevet du malade, le jeune homme ouvrit lui-même la porte donnant accès dans la pièce où s'impatientaient les docteurs et la traversa lentement dans toute sa longueur. Quiconque eût vu Fernando trois heures auparavant, n'eût certes pu le reconnaître à sa sortie de la chambre du général.

Avant d'avoir été laissé seul avec Zumala-Carregui, le malheureux fils de dona Sabina était sombre, absorbé dans sa douleur, mais cette douleur froide et concentrée ne se manifestait aux yeux des indifférents que par un mutisme et une taciturnité empreinte d'une réserve et d'une dignité qu'aucun véritable Espagnol n'eût certes osé blâmer.

Quand Fernando quitta le général blessé, il n'en était plus ainsi.

Sa douleur n'était peut-être pas plus vive, mais elle était plus expansive et surtout plus apparente. Sa physionomie était totalement décomposée et un tremblement convulsif agitait toute sa personne.

Il fallait que ce qui s'était passé entre

le jeune homme et le général en chef eût été bien grave et bien étrange, car l'émotion de Fernando était telle qu'en traversant la salle il n'aperçut aucun de ceux qui y étaient rassemblés.

Ses yeux rougis décelaient des larmes récentes, et sa main frémissante était tout entière plongée dans la ceinture rouge qui, en lui serrant la taille, servait à maintenir ses armes.

Les médecins, eux aussi, préoccupés de leur dissertation savante, ne firent aucune attention à l'état dans lequel se rouvait celui dont la sortie leur laissait libre enfin l'accès de la chambre du malade.

Tous quatre y pénétrèrent vivement au moment où Fernando sortait par le côté opposé.

Sans doute le vieux Fabian avait reçu des ordres antérieurs de Zumala-Carregui, sans doute Fernando lui-même s'était vu donner des instructions récentes, car à peine eut-il franchi le seuil de la grande salle du rez-de-chaussée où il rencontra le vieillard, que celui-ci, lui adressant un signe auquel répondit le jeune homme avec un léger mouvement de tête, se prit à marcher devant et à quitter tout aussitôt la maison.

Fernando le suivit sans lui adresser la parole.

Fabian longea la rue et s'arrêta à la porte d'une habitation voisine. Il en franchit le seuil et s'arrêta ensuite pour laisser passer son compagnon.

Tous deux gravirent les marches d'un escalier tortueux aboutissant au premier étage.

Arrivé sur le palier, Fabian poussa une porte entr'ouverte et invita du geste l'ex-étudiant à entrer le premier dans un petit cabinet sombre, éclairé à contre-cœur par une fenêtre ogivale.

Au fond de ce cabinet, sur un siége placé devant une table recouverte de livres et d'instruments à la forme bizarre, se tenait un homme qui, le front penché en avant, semblait fort occupé à déchiffrer un vieux parchemin posé en face de lui.

En entendant le bruit des pas, cet homme releva la tête, et Fernando put reconnaître les traits accentués, le front intelligent, le regard sévère et profond du guérisseur Petriquillo.

Le jeune homme marcha droit à lui sans s'arrêter et lui tendit le bras gauche.

Petriquillo, sans paraître surpris de

ce geste, prit le bras qui lui était présenté, releva la manche de la chemise et fixa attentivement ses yeux sur la chair brunie à l'endroit où Fabian avait remarqué ce signe dont nous avons parlé.

Durant quelques secondes, le guérisseur, le jeune homme et le vieillard demeurèrent dans un profond silence.

On entendait seul, dans la petite chambre, le bruit de leur respiration haletante.

Enfin Petriquillo releva la tête, et se tournant vers Fabian :

« C'est bien lui, dit-il, vous ne vous étiez pas trompé.

— Alors, je vous laisse? demanda Fabian.

— Oui. Retournez auprès du général, et dites-lui que ce qu'il désire sera fait. »

Le vieillard salua du geste et sortit, laissant seuls Fernando et Petriquillo, comme il avait laissé seuls quelques heures auparavant le général carliste et son jeune aide de camp.

Seulement, cette fois, Fernando ne manifesta aucun étonnement de l'étrange réception qui lui était faite.

S'approchant vivement de Petriquillo, il lui saisit les mains.

« Parlez! dit-il avec une extrême violence, parlez! puisque vous seul pouvez terminer le récit horrible commencé par Zumala-Carregui; parlez vite, car j'ai hâte de tout savoir et d'en finir enfin avec cette torture morale à laquelle je ne saurais résister longtemps.

Petriquillo alla fermer la porte et revint prendre sa place près de son interlocuteur.

## CHAPITRE DIXIÈME.

# X

Le héros carliste.

C'était le 15 juin que Zumala-Carregui avait été blessé, et, nous le savons, les médecins avaient été unanimes pour déclarer sa blessure légère et pour affirmer qu'avant un mois il serait guéri.

Cependant neuf jours après, le 24, la santé de l'illustre malade présentait les caractères les plus alarmants.

Le peu d'entente qui régnait entre les docteurs avait empiré l'état du général, et notamment la différence qui existait entre les soins offerts par Petriquillo et ceux imposés par les docteurs avait contribué puissamment à faire faire au mal de notables progrès.

Encore une fois qui faut-il accuser?

L'histoire ne nous répond rien à ce sujet et les mémoires les plus détaillés et les plus circonstanciés sont muets également à cet égard.

Ce que nous sommes en mesure d'affirmer cependant, c'est que tandis que Petriquillo prescrivait des onguents et des frictions, Gonzalès-Gradiaga, comme docteur en médecine, abreuvait le blessé de tisane et Gelos et Boloquiz, en leur qualité de praticiens, levant l'appareil de la blessure, cherchaient avec le stylet l'endroit où se cachait la balle et martyrisaient le général de toutes manières.

Ce qui est également certain, c'est que, ainsi que nous croyons l'avoir dit plus haut, la santé de Zumala-Carregui était altérée depuis quelques jours par suite des fatigues et des contrariétés

---

La suite de cet ouvrage paraitra incessamment sous le titre de : *Les Nuits de Grenade.*

(Note de l'Éditeur.)

qu'il avait eues à supporter par rapport au siége de Bilbao.

Il avait même appelé près de lui, il y avait peu de temps, le docteur Gradiaga pour le consulter, et probablement cette disposition à une maladie fut accrue par la blessure et par le voyage entrepris, sous de si tristes auspices, pour le transporter à Durango d'abord, à Cegama ensuite.

Au reste, dès le lendemain de son arrivée dans cette ville, dès le lendemain de cette nuit durant laquelle Fernando avait eu sa double conférence avec le général et avec le guérisseur, Zumala-Carregui s'était persuadé que les douleurs qu'il ressentait par tout le corps avaient pour cause la balle demeurée dans sa jambe.

Les chirurgiens appuyèrent de toutes les forces de leurs raisonnements scientifiques dans ce sens, et malgré l'avis contraire de Petriquillo, l'extraction du projectile fut arrêtée.

C'était le 24 au matin que devait avoir lieu l'opération.

Depuis le moment où Fabian avait introduit Fernando dans la chambre du blessé, le jeune homme était revenu chaque nuit passer de longues heures avec le général.

Au sortir de chacune de ces conférences nouvelles, toujours plus longues de jour en jour et auxquelles n'assistait jamais un seul témoin, Fernando se rendait chez le guérisseur et s'enfermait avec lui.

Puis, le jeune homme allait retrouver Andrès et Mochuelo et chaque fois ses amis le revoyaient plus sombre et plus fiévreusement agité.

Un soir que l'aide de camp du général paraissait être encore plus soucieux et plus rêveur que d'ordinaire, son ami voulut provoquer une confidence et connaître la cause de ce redoublement de tristesse, mais Fernando, l'interrompant aux premières paroles :

« Andrès, lui dit-il, si tu veux que nous vivions l'un près de l'autre, ne m'interroge jamais à ce sujet. Le secret que tu voudrais que je te confie est un secret de mort, et si toi, mon meilleur ami, tu le connaissais, je te tuerais, je le jure, sans pitié ni miséricorde. »

Puis, après cette réponse véhémente Fernando s'éloigna et Andrès n'osa le suivre.

Ce matin du jour où nous reprenons notre récit, toute la ville de Cegama était en agitation. A neuf heures devait avoir lieu l'opération demandée par le malade et tous en attendaient le résultat avec une anxiété profonde.

Zumala-Carregui, en dépit des instances de Fernando, avait refusé au jeune homme la permission d'assister à l'œuvre des chirurgiens.

C'étaient Gelos et Boloquiez qui devaient agir, et Petriquillo, demeuré dans la chambre, n'y était qu'en qualité de témoin.

Le vieux Fabian, debout dans un angle, suivait les moindres mouvements des docteurs avec une agitation continue.

Notre intention n'étant pas de décrire ici avec détails l'opération chirurgicale, nous ferons grâce à nos lecteurs des expressions techniques et des diverses phases plus ou moins émouvantes, plus ou moins douloureuses qui accompagnèrent l'extraction du projectile.

Disons seulement que les chirurgiens ne réussirent qu'après avoir fait considérablement souffrir le patient.

Enfin la balle fut enlevée par Gelos et tout aussitôt le bruit se répandit dans la ville que le général était sauvé.

Un serviteur plus zélé que les autres s'empara même de la balle et la plaçant sur un plat la fit courir de maison en maison.

Zumala-Carregui paraissait effectivement soulagé.

Il était alors neuf heures un quart du matin.

A la première nouvelle de cet heureux événement, Fernando s'élança dans la demeure du général et, violant la consigne donnée, voulut pénétrer près de lui, mais sur le seuil de la chambre il trouva Fabian tout en larmes et Petriquillo immobile et désolé.

« Le général ! s'écria Fernando.

— Il vous demandait, répondit Fabian.

— Il est sauvé ?

— Il va mourir! dit Petriquillo d'une voix grave.

Fernando poussa un cri et s'élança en avant.

Zumala-Carregui, pâle et presque sans vie, était étendu sur son lit ensanglanté.

Un prêtre, le curé de Cegama, était près de lui.

Effectivement, quelques secondes s'étaient à peine écoulées après l'opération faite, que les symptômes les plus alarmants s'étaient aussitôt manifestés dans la personne du blessé.

Aussitôt le curé, qui attendait dans une pièce voisine, avait été introduit près du malade.

En moins d'un quart d'heure, l'état du général était devenu tel et sa faiblesse si grande que le souffle paraissait prêt à lui échapper.

C'était à ce moment qu'était survenu Fernando.

Le général terminait sa confession. Il fit signe au jeune homme d'attendre, puis s'adressant à un nouveau personnage que l'on venait d'introduire :

« Que voulez-vous? demanda-t-il avec effort.

— Senor don Thomas, répondit le visiteur, je suis notaire de cette ville, je viens vous demander ce que vous laissez et quelle est votre volonté?

— Je laisse ma femme et trois filles, unique bien que je possède, répondit Zumala-Carregui. Je n'ai rien de plus que je puisse laisser! » (1)

Puis, du geste congédiant le notaire qui sortit, il se retourna vers le prêtre.

« Vous m'avez absous, n'est-ce pas, mon père? demanda-t-il d'une voix tremblante.

— Oui, mon fils, répondit le prêtre, mourez en paix; et avant de quitter ce

---

(1) J'emprunte tous ces détails à l'ouvrage de don Juan-Antonio Zaratiegui (l'un des généraux de l'armée carliste), ouvrage publié en 1845.

monde, recevez comme gage du pardon de notre Créateur le corps de son divin Fils. »

Et le prêtre présenta au mourant la sainte eucharistie.

Dix heures sonnèrent en ce moment. Les forces de Zumala-Carregui paraissaient totalement épuisées.

Les médecins consternés se regardaient entre eux et n'osaient affronter l'œil de Petriquillo, qui appesantissait sur eux son regard sombre comme le reproche qui précède le remords.

Zumala se souleva péniblement, et de la main droite éloigna tout le monde, à l'exception de Fernando, de Fabian et de Petriquillo.

Dès qu'il se vit seul avec eux, il se pencha sur sa couche, et de ses doigts tremblants étreignit la main du jeune homme.

« Mon enfant, dit-il, avant de me confesser à un prêtre, je m'étais confessé à toi. Aux portes de la tombe, on ne ment pas, tu le sais? Eh bien! je t'ai dit la vérité entière, je te le jure. Au reste, ces deux hommes, témoins involontaires de mon crime durant cette nuit fatale dont la date est écrite dans mon cœur en lettres de feu, ces deux hommes peuvent attester que j'ai dit vrai.

— Nous le jurons, firent à la fois Petriquillo et Fabian.

— Me pardonnes-tu, toi ? fit le général avec une émotion entière.

— Je n'ai rien à vous pardonner, moi, répondit lentement Fernando ; mais, au nom de ma mère, je vous pardonne ! Mon père, mourez en paix. »

Zumala-Carregui fit un effort, voulant se soulever plus encore pour embrasser le jeune homme, mais il ne put y réussir et retomba sur sa couche.

Fernando se pencha vers lui et le baisa sur le front.

Près d'une demi-heure s'écoula dans un religieux silence. La respiration du malade était tellement faible, que plusieurs fois Fernando se pencha vers lui, le croyant mort.

Zumala-Carregui demeurait immobile, l'œil fixe et la physionomie calme.

Dix heures et demie sonnèrent à l'horloge de l'église.

Tout à coup Zumala-Carregui se dressa sur son séant avec une énergie extrême, sa bouche s'ouvrit démesurément, ses bras se tendirent et tout son corps se roidit.

« Vous avez juré! balbutia-t-il d'une voix éteinte.

— Oui! Justice sera faite! » répondirent d'une même voix les trois personnages penchés sur le lit du malade.

Zumala-Carregui voulut parler encore mais la parole expira sur ses lèvres et il se renversa en arrière.

Petriquillo le reçut dans ses bras.

« Mon père!..... s'écria Fernando au désespoir.

— Il est mort! » répondit le *guérisseur* en se détournant.

Le jeune homme tomba à genoux.

. . . . . . . . . . . . . . . . .

Deux jours après la mort du héros carliste, qui terminait sa carrière à l'âge de quarante-six ans (dix-neuf mois après avoir commencé ses campagnes), trois hommes suivant la route de la Biscaye à la Castille-Vieille atteignirent l'entrée d'un petit village situé sur les frontières des deux pays.

A cet endroit se trouvait un carrefour auquel aboutissaient trois chemins différents.

L'un de ces chemins se dirigeait vers l'intérieur de l'Espagne, l'autre vers la mer et le troisième vers la France.

Arrivés à ce carrefour, les trois hommes s'arrêtèrent.

Le plus jeune des trois prit les deux autres par la main.

« Andrès, dit-il d'une voix grave, et toi, Mochuelo, vous m'avez été jusqu'ici amis fidèles, mais toute fidélité, toute amitié a ses limites. Vous savez où je vais, vous savez sur quelle voie fatale je vais marcher? Vous avez désiré me suivre, mais il est temps encore de reculer. Voici la route de Vitoria, où est l'armée des christinos, où sont tes compagnons, Andrès. Voici celle de la Navarre, où tu trouveras tes amis de Pampelune, Mochuelo, et voici celle que je vais prendre et qui, en me conduisant à mon but, aboutira sans doute à la mort ! Séparons-nous, mes amis, et gardons chacun un bon souvenir de notre liaison passagère. Adieu ! »

Et le jeune homme accompagna ce dernier mot d'un sourire amical et d'un geste affectueux Mais ses deux compagnons se précipitèrent vers lui.

« Ta vengeance est la mienne ! dit l'un.

— Je suis à vous corps et âme, dit l'autre.

— Alors, reprit Fernando en se redressant, vous êtes décidés à me suivre?

— Oui!

— A partager les dangers que je vais courir?

— Oui!

— A me reconnaître pour chef, à m'obéir sans réserve, à frapper là où je vous commanderai de frapper, sans hésitation et sans regret?

— Oui! »

Ces trois monosyllabes furent prononcés successivement par Andrès et par

Mochuelo avec une énergie et une netteté qui ne permettaient pas de mettre en doute la volonté formelle qu'ils exprimaient.

Fernando fit un mouvement.

« Eh bien ! dit-il d'une voix brève venez, alors ; souvenez-vous de mon serment fait sur la tombe de ma mère... et que le Dieu de la vengeance soit avec nous ! »

Et prenant la route qui conduisait dans l'intérieur de la Castilie-Vieille, tous trois disparurent bientôt, laissant loin derrière eux cette province de Navarre et celle de la Biscaye, où s'étaient accomplis les événements principaux que nous venons de rapporter dans les deux premières parties de notre récit.

FIN DE L'ÉTUDIANT.

# NOUVEAUTÉS EN LECTURE
## DANS TOUS LES CABINETS LITTÉRAIRES.

**L'Homme rouge**, par Ernest CAPENDU, 5 vol. in-8.
**L'Ame et l'ombre d'un Navire**, par G. de LA LANDELLE, 5 v. in-8.
**Le Serment des quatre valets**, roman historique, par le vicomte PONSON DU TERRAIL. 7 vol. in-8.
**Le Nain du Diable**, par la comtesse DASH. 4 vol. in-8.
**Le Ménage Lambert**, par A. de GONDRECOURT. 2 vol. in-8.
**Fleurette la Bouquetière**, par Eugène SCRIBE. 6 vol. in-8.
**Le Parc aux Biches**, par Xavier DE MONTÉPIN. 6 vol. in-8.
**La Maîtresse du Proscrit**, par Emmanuel GONZALES. 4 vol. in-8.
**Les Étudiants de Heidelberg**, histoire du siècle de Louis XIV, par le vicomte PONSON DU TERRAIL. 7 vol. in-8.
**Les Mystères de la Conscience**, par ÉTIENNE ÉNAULT. 4 vol. in-8.
**Les Gandins**, par le vicomte PONSON DU TERRAIL. 6 v. in-8.
**L'Homme des Bois**, par Élie BERTHET. 6 vol. in-8.
**Les trois Fiancées**, par Emmanuel GONZALÈS. 3 vol. in-8.
**Les Marionnettes du Diable**, par X. DE MONTÉPIN, 6 vol. in-8.
**Le Diamant du Commandeur**, par PONSON DU TERRAIL. 4 vol.
**Le Douanier de mer**, par Élie BERTHET, 5 vol. in-8.
**Mlle Colombe Rigolboche**, par Maximilien PERRIN. 4 vol. in-8.
**Morte et Vivante**, par Henry de KOCK. 3 vol. in-8.
**Daniel le laboureur**, par Clémence ROBERT. 4 vol. in-8.
**Les grands danseurs du roi**, par Ch. RABOU. 3 vol. in-8.
**Le Pays des Amours**, par Maximilien PERRIN. 3 vol. in-8.
**La jeunesse du roi Henri**, par PONSON DU TERRAIL. 6 vol in-8.
**L'Amour au bivouac**, par A. DE GONDRECOURT. 5 vol. in-8.
**Les Princes de Maquenoise**, par H. de SAINT-GEORGES, 6 v. in-8.
**Le Cordonnier de la rue de la Lune**, par Théod. ANNE. 4 v. in-8.
**La Belle aux yeux d'or**, par la comtesse DASH, 3 vol. in-8.
**La Revanche de Baccarat**, par PONSON DU TERRAIL, 6 vol. in-8.
**Le Roi des gueux**, par Paul FÉVAL, 6 vol. in-8.
**Une Femme à trois visages**, par Ch. Paul de KOCK, 6 vol. in-8.
**Une Existence Parisienne**, par Mme de BAWR, 3 vol. in-8.
**Les Yeux de ma tante**, par Eugène SCRIBE, 6 vol. in-8.
**Les Exploits de Rocambole**, par PONSON DU TERRAIL, 8 vol. in-8.
**Le Bonhomme Nock**, par A. de GONDRECOURT. 6 vol. in-8.
**Le Vagabond**, par E. ÉNAULT et L. JUDICIS. 4 vol. in-8.
**Les Ruines de Paris**, par Charles MONSELET. 4 vol. in-8.
**Les Viveurs de Province**, par Xavier de MONTÉPIN. 6 vol. in-8
**Les Coureurs d'Amourettes**, par Maximilien PERRIN. 3 vol. in-8.
**La dame au gant noir**, par PONSON DU TERRAIL. 8 vol. in-8.
**Les Émigrants**, par Élie BERTHET. 6 vol. in-8.
**Les Cheveux de la reine**, par madame la comtesse DASH 3 vol. in-8.
**La Rose Blanche**, par Auguste MAQUET, 3 vol. in-8.
**La Maison Rose**, par Xavier DE MONTÉPIN, 6 vol. in-8.
**Le club des Valets de Cœur**, par PONSON DU TERRAIL, 8 vol. in-8.
**Monsieur Cherami**, par Ch. PAUL DE KOCK, 5 vol. in-8.
**L'Envers et l'Endroit**, par Auguste MAQUET. 4 vol. in-8.
**Le Prix du sang**, par A. DE GONDRECOURT. 5 vol. in-8.
**Nena-Sahib**, par Clémence ROBERT. 3 vol. in-8.
**La Reine de Paris**, par Théodore ANNE. 3 vol. in-8.
**Un ami de ma femme**, par Maximilien PERRIN. 3 vol. in-8.
**La Maison Mystérieuse**, par mad. la comtesse DASH, 4 vol. in-8.
**Pour la suite des Nouveautés, demander le Catalogue général qui se distribue gratis.**

www.ingramcontent.com/pod-product-compliance
Lightning Source LLC
Chambersburg PA
CBHW050755170426
43202CB00013B/2433